Ludwig Ganghofer

Der zweite Schatz

Volksschauspiel in vier Aufzügen

Ludwig Ganghofer

Der zweite Schatz

Volksschauspiel in vier Aufzügen

ISBN/EAN: 9783743353060

Hergestellt in Europa, USA, Kanada, Australien, Japan

Cover: Foto ©Paul-Georg Meister /pixelio.de

Manufactured and distributed by brebook publishing software (www.brebook.com)

Ludwig Ganghofer

Der zweite Schatz

Der zweite Schatz.

Volksschauspiel in vier Aufzügen

von

Ludwig Ganghofer.

Zweite Auflage.

(Bühnen gegenüber Manuskript.)

Stuttgart.
Verlag von A. Bonz & Comp.
1884.

Druck von A. Bonz' Erben in Stuttgart.

Franz Defregger

in hoher Verehrung

gewidmet.

Personen.

Blastus Huisen, ein reicher Bauernsohn.
Modei,
Punkl,
Monika,   } Sennerinnen.
Binl,
Philomen,
Lenzl, Modeis Bruder.
Friedl,
Hies,   } Jagdgehilfen.
Perl, Hüter.
Der Doktermartl.
Niedermayr, Grenzsoldat.
Hans,
Gori,   } Bauernburschen.

Ort der Handlung: die Grottenalm.

Das Aufführungsrecht des Schauspiels „Der zweite Schatz" ist zu erwerben: für Oesterreich-Ungarn durch Gustav Lewy, Wien, Schleifmühlgasse; für Deutschland durch H. Rubin, München, Reichenbachstraße.

Das Übersetzungsrecht bleibt vorbehalten.

I. Aufzug.

Das Innere der Grottenalmhütte. Im Hintergrunde rechts die Thüre; in der Mitte das kleine Fenster; zwischen Thüre und Fenster eine Rahme mit Schüsseln und Tellern; über Thüre und Fenster kleine Heiligenbilder; unter dem Fenster steht eine Bank. Links in der Ecke der am flachen Boden liegende Feuerraum, welcher in einer Entfernung von 1½ Meter in der Breite und 2½ Meter in der Tiefe von einer höchstens 4 Dez. hohen Sitzbank umschlossen ist. In der Ecke steht ein dicker Pfahl, der auf seinem Kopfe den kreisförmig zu bewegenden Querbalken trägt, an dessen oberem Ende, gerade bis über die Mitte des Feuerraumes reichend, das große kupferne Käsgeschirr hängt. Während des ganzen Aufzuges ist Balken und Kessel gegen die linke Koulissenwand gedreht. Links, dicht vor dem Herde führt eine niedere, schmale Thür in die Kammer. Ueber dem Herde hängen Stangen zum Trocknen von Kleidungsstücken. An der ganzen rechten Koulissenwand, vom Boden 1½ Meter entfernt, zieht sich der breite Kreister hin, der in der Mitte quer abgetheilt ist, so daß er zwei gleichlange Bettstellen bildet, die bis oben mit Heu angefüllt sind; an den Enden und in der Mitte ist der Kreister in seiner Vorderwand durch schmale Holzsäulen gestützt, welche sich nach oben bis an die Decke verlängern. Unter dem Kreisler ist bis zur halben Höhe Holz eingebeugt, welches beim Aufsteigen als Tritt benützt werden kann. Vor dem Kreister steht eine zweite lange Bank. Die ganze Stube selbst soll, wenn möglich, mit kreuzweis gezogenen Brettern überdeckt sein, die über dem Herde durch den Ruß völlig geschwärzt sind. Auf den Brettern, durch deren Lücken man in das Sparrenwerk des Daches emporsieht, liegen Käslaibe ꝛc. ꝛc. In der Hütte stehen Milchgeschirre, Besen; an den Stangen hängen Kleidungsstücke und Milchtücher; eine Schürze liegt auf der Bank beim Kreister ꝛc. ꝛc. — Die Bühne ist leer. — Zeit: gegen Abend.

Erster Auftritt.

Modei, Punkl.

Punkl (singt außen, ohne Musikbegleitung).

Ja mein, sagt 's Deandl, lieber Bua,
Schau, d' Lieb' is so a Sach':

Im Anfang kriegst es gar net g'nua
Drum bist so fein, so gschmach.
Und wo halt bist und wo halt bleibst,
Denkst dran den ganzen Tag:
Kaum is zum sagen, was da treibst,
Damit Dich 's Deandl mag;

Modei (im Arbeitsgewande, tritt ein, auf den beiden Armen ein halbes Dutzend Milchschüsseln und Teller tragend, die sie in die Rahme einstellt).
Punkl (singt von außen).
Doch sind die Deandln gnädig wor'n,
Da schlagen b' Buaben um.
Gleich haben s' den Respekt verlor'n
Und nehmen alles krumm.
Da werden s' schneidig, werden kalt,
Als wie am Schnee der Wind:
Wir Deandln wissen schon, wie halt
Die Teufelsbuaben sind.

Modei (tritt an das offne Fenster und ruft hinaus). Du kannst es aber heut' schön. Singst ja wie a Zeiserl, wann im Fruhjahr d' Hecken lauben. — Hörst heut' schon wieder nix! (Fröhlich lachend, dann weiter schreiend.) Geh zu, Punkl, gar so schön sollst halt doch net singen. Könnten sich ja leicht a paar Berggeister in Dich verlieben — und wann nachher Du nix wissen möchst von ihnen, könnten s' uns leicht d' Alm verwünschen.

Punkl (von außen). Ah, Modei, Du bist's. Machst schon bald Feierabend.

Modei. Ja! Geh! Kehr' a bißl zu!

Punkl (näher kommend). Du, Modei, weißt es schon, der alt' Verl, mit dem ich so vor a Jahr' a zwanzig schiergar amal a kleins G'spusi ang'fangt hätt', der is jetzt in der Monika ihrer Hütten drüben Hüter 'worden. (Sie tritt an das offne Fenster und reicht Modei die Hand.) Ja, ja — so kommt man halt wieder z'samm'. — Bei Dir schaut's halt allweil nett und freundlich aus! (Sie tritt unter die Thüre, die Röcke aufgesteckt, mit Kopftuch und einem Milchkübel in der Hand.) G'wiß wahr, a Freud' is, wann man da 'rein geht!

Modei (den Herd zusammenräumend). No weißt, ich kann's halt net leiden, wann alles so durcheinander liegt, als wie d' Schaf' im Stall; ich hab's halt gern sauber. Ja Du — denk' Dir nur g'rad, unser' scheckete Kuh is net recht gut — ich hab' aber heut' Mittags schon den Hüter 'nunter g'schickt, damit er den Doktermartl mit 'rauf= bringt. — Und unser Gaisbock, der Hansl, is auch noch net da. — Der Lenzl sucht ihn jetzt schon wieder den ganzen Tag. Wann er ihn nur finden möcht'! Du mein Gott — man hat halt sein' rechte Sorg' mit dem Vieh — 's wird bei Dir auch net anders sein!

Punkl (welche die ganze Zeit auf dem gleichen Fleck gestanden ist und neugierig in der Hütte umhergeblickt hat). Jetzt das kann ich Dir schon sagen — ich hab' g'meint, bei Dir gibt's a Unterhaltung — derzeit wurstelst da umanander und redst kein Wort.

Modei (laut lachend). Was! (Sie geht auf Punkl zu und spricht ihr ins Ohr.) Ich hab' ja die ganze Zeit g'redt!

Punkl (verwundert). Ah geh!

Modei. Ja — aber gelt, heut' haſt halt Dein' ſchlechten Tag mit'm G'hör?

Zweiter Auftritt.

Die Vorigen. Friedl.

Friedl (mit Bergſtock, Büchſe und Ruckſack, in abgetragenem Jagd= koſtüm, tritt in die Thüre). Grüß' Gott bei'nand'. Is erlaubt, daß man zukehrt?

Punkl. No freilich! In jeder Hütten is a Jager gern g'ſehen. Aber den Bruch von Dei'm Hütl mußt der Sennerin ſchenken.

Friedl. Recht gern auch noch — da haſt ihn, Modei. (Er nimmt den Hut ab, löſt einen kleinen Strauß aus der Schnur und reicht ihn dem Mädchen.)

Modei. Ich dank' Dir recht ſchön für den guten Willen — aber ſchau, ich könnt' damit ja doch kein' Staat machen daheroben.

Punkl. Gelt, Du Schlaue — fürchſt Dich wohl vor'm Aberglauben? Denn dem Deandl, das von ei'm Jager an friſchen Bruch g'ſchenkt kriegt, dem is fürg'ſetzt, daß demſelbigem Jager ſein Schatz werden muß.

Modei. Na — vor ſo 'was fürcht' ich mich net — denn da is 'was gut dafür. Gib her! (Sie nimmt den Strauß und ſteckt ihn ins Mieder, dann ſtellt ſie einen Waſchkübel auf die Bank beim Fenſter und macht ſich daran, Milchtücher auszuwaſchen.)

Punkl. Aber ſchön is er, der Buſchen. Da mußt ſchon ganz 'was B'ſonders g'ſchoſſen haben.

Friedl (der das Gewehr an den Kreiſter hängt). Ja — an Zwölfender — an Kerl von a dritthalb Zentner. Hin=

g'haut hat's ihn auf'n Schnall, wie an Baum, wann er g'schlagen wird.

Punkl. Was hast g'sagt? Wen hab' ich g'schlagen?

Friedl (lachend). Hörst heut' schon wieder nix. Mit Dir is halt a Kreuz. (Setzt sich auf die Bank beim Kreister.)

Punkl. Is auch kein Wunder, wann ei'm 's Kreuz weh thut bei dem vielen Bucken.

Friedl. So — heut' thut mir 's Rasten gut.

Modei. Hast schon an weiten Weg g'macht? (Geht ab nach links.)

Friedl. No — so a Stund' a zwölf bin ich schon auf die Füß'.

Punkl. Ah na — mit meine Füß' geht's noch ganz gut.

Friedl (schreiend). Aber 's G'hör laßt halt aus — gelt — 's G'hör?

Punkl. No weißt — hören thu' ich schon noch ganz gut — aber halt g'rad auf einer Seiten. Auf der andern muß mir dengerst 'was zug'wachsen sein.

Friedl. No — da bist erst net amal schlecht dran; wann man Dir zu ei'm Ohr 'was 'neinsagt, kann's doch zum andern nimmer 'naus.

Modei (tritt wieder ein, mit einer Milchschüssel, welche sie Friedl reicht). Mußt halt verlieb nehmen mit dem, was ich hab'. (Geht an ihre Arbeit.)

Friedl (Modei ins Gesicht blickend). Ich bin ja leicht z'frieden.

Punkl. Sixt — wärst bei mir ein'kehrt, hättst an Schmarren 'kriegt.

Friedl. Ja weißt, in der Hütten da rast't man sich halt gar so gut. Daherin is allweil alles so sauber und nett. Is g'wiß wahr — in die Hütten da bin ich ganz verliebt.

Punkl (verschämt). Geh weiter. Ja, ja — zwanzig Jahr' wann ich jünger wär' — da wär' mir auch g'wiß selber 'was dran g'legen, denn an Burschen, so brav und so lustig, wie Du bist, gibt's ja doch kein' zweiten mehr.

Modei. Jesses, lob' ihn doch net gar so — sonst wird er am End' noch stolz.

Punkl. Was hast g'sagt? Na, na — so 'was därfst sein von mir net glauben! Wann ich schon alt bin — brav und sittsam bin ich doch allweil g'wesen.

Friedl. Dreh' Dich um, Punkl! Dasmal hast auf der falschen Seiten g'hört.

Punkl. Was hast g'sagt?

Friedl (schreiend). Ich? — Nix! Aber 's Modei hat g'meint, Du sollst Dich net so strapezieren von wegen Deiner Tugend. Denn bei Dir is ja doch g'wiß und ausg'macht, daß von zwölf weiße Jungfern 'tragen wirst, wann amal stirbst.

Punkl (sich zornig gegen Modei wendend). So — das hast Du g'sagt. Freilich, Dir passiert so an Ehr' nimmer. Wann Du amal stirbst, mußt Dich schon z'erst für Dein Kind um an Vatern umschauen, daß doch wen hast, der Dir d'Leichenkosten zahlt! (Wütend ab.)

Dritter Auftritt.

Modei. Friedl.

Modei (ist Punkt zornig einige Schritte nachgerannt. Dann kehrt sie sich gegen den Herd zurück, und leise schluchzend deckt sie mit dem Arme die beiden Augen).

Friedl (tritt verlegen auf sie zu). Geh, Modei — kränk' Dich net. In einer Viertelstund' weiß die alt' Hex' ja doch nimmer, was g'sagt hat.

Modei. Laß mich aus! Was mußt aber auch Du mit so einer balketen Red' daherkommen! (Geht an ihre Arbeit.)

Friedl. Aber schau — ich hab' ja doch g'wiß an gar nix 'denkt.

(P a u s e.)

Friedl. Wie geht's denn Dei'm Büberl — han?

Modei. Ich dank' schön — gut.

Friedl. Is aber auch a liebs Kind; rund und rot wie an Apfel — und 's ganze Köpferl hat's voller Schneckerln. Wie alt is denn jetzt?

Modei. An Lichtmeß wird's zwei Jahr'.

Friedl. Is auch gut aufg'hoben bei die Leut', wo Du's in Pfleg' hast?

Modei. Ich hoff's. Aber mein Gott — viel zahlen kann ich halt net, und fremde Leut' bleiben 's doch. Vater und Mutter hab' ich nimmer — was will ich also machen? Das is schon a rechte Sorg' für mich.

Friedl. Schau, Modei — ich will Dir an Vorschlag machen. Du weißt, mein Mutterl hat drunt' a kleins Häuserl, in dem s' so ganz allein 'rumwurstelt. Viel Plag' macht ihr das Hauswesen net — und da hat s' halt den halben Tag Langweil'. Wie wär's, wann ihr Dein Büberl in Pfleg' geben thätst. Mein Mutterl hätt' a damische Freud' damit — und kosten thät's Dich gar nix. Geh, Modei — gib ihr's!

Modei (hat Friedl lang und fest angeblickt; dann wendet sie sich plötzlich zu ihrer Arbeit zurück). Ich dank' schön!

Friedl. Geh — gib ihr's!

Modei (kurz). Na!

Vierter Auftritt.

Die Vorigen. Lenzl.

Lenzl (von außen). Modei! Modei! Ich hab' ihn g'funden! (Tritt keuchend unter die Thüre: seine Kleider sind abgerissen; der alte Hut ist dicht besteckt mit allen möglichen Blumen und Farren.) Ich hab' ihn g'funden!

Modei (freudig). Is wahr?

Lenzl (ausatmend). Ja — ja!

Friedl. Wen hast denn g'funden, Lenzl?

Lenzl. Jeh — Du bist da! Ja grüß' Dich Gott! (Er legt ihm die Hand auf den Kopf.) Ich freu' mich jedsmal, so oft ich Dich sieh. Bist so a viellieber, guter Bursch — und ich hab' Dich so gern.

Friedl (nimmt seine Hand). Sixt — mir geht's g'rad so mit Dir!

Lenzl. Ich weiß — ich weiß. Bist aber auch anders als wie all die andern, die mich allweil aus=

lachen und spötteln. (Zu Modei.) Ja — daß ich net vergiß — weißt, wo ich ihn g'funden hab'?

Friedl. Wen denn?

Lenzl. Den Hansl, unsern Gaisbock. Weißt, zwei Tag' is er uns schon ab'gangen — und b' Modei hat sich schier b' Augen ausg'weint um ihn. Drum bin ich heut' schon den ganzen Tag umananderg'stiegen — und vor einer Stund' hab' ich ihn g'funden — broben am Luderer G'wänd — auf ei'm Steinspitzl draußen, wo er sich kaum mehr rühren hat können — der arm' Teufel.

Modei. Aber ausschauen thust — mein Gott —

Lenzl. Ja weißt — wie ich den Hansl 'nauf'tragen hab' — bin ich mit ihm wieder a Trumm 'runter 'kugelt.

Modei. Jesses!

Lenzl. Geh, Modei — macht nix — macht nix. Ich stirb net im G'wänd. Für mich gibt's kein Sterben, denn ich muß warten bis zum jüngsten Tag — und wann nachher mein Lisei aufsteht aus'm Grab, nachher wird Hochzeit g'macht — Juh! (Er setzt sich auf die Bank und legt den Hut neben sich.)

Modei (den Arm um ihn schlingend und ihn streichelnd). Thut Dir aber auch g'wiß nix weh.

Lenzl (überläßt sich mit sichtlichem Behagen der Zärtlichkeit Modeis). Na, Modei — na — g'wiß net. — G'rad so hat mein Lisei schmeicheln können. (Er verharrt regungslos mit geschlossenen Augen.) Wie geht's Dir denn, Friedl — han — was macht denn Dein Schatz?

Friedl. Ich hab' kein'!

Modei (rasch aufblickend). Was! Ich hab' doch g'meint —

Friedl. Frag' net! Freilich — ich hätt' halt sagen sollen: Ich hab' kein' m e h r.

(P a u s e.)

Friedl (nimmt Lenzls Hut). Wo hast denn die schönen Blümeln alle her, han, Lenzl?

Modei (tritt an das Feuer und legt Holz nach).

Lenzl (aufstehend und zu Friedl tretend). No mein — vom Berg halt. Gelt, so a Blümerl is 'was Schöns. (Nimmt seinen Hut.) Schau nur g'rad her. So rot und so frisch, wie das Almröserl, war mei'm Lisei sein Göscherl. Und so braun waren ihre Augen, wie das Gamsrogerl, und so fein und so zart wie die Fäden von der Steinrauten sind ihre Haar' g'wesen. Aber ich sag' Dir's, Friedl, kein Blümerl auf der Welt gibt's, das so falsch sein könnt', als wie mein Lisei war. (Er zerknittert in seinen Händen den Hut und zerzupft die Blumen.) Weißt, Friedl — da is amal a Sonntag g'wesen — und da war Tanzmusik unten bei'm Wirt. Ich aber hab' sellmal kein' Kreuzer Geld g'habt — weißt — und drum is mein liebs Lisei mit'm Grubertoni zum Tanz 'gangen. Da haben s' Dir nachher g'sungen — und g'juchezt — und 'tanzt haben s' Dir — weißt — a so — (Stampft mit den Füßen.) daß g'rad alles 'zittert hat — ja — und auf amal — da kracht's und die Decken bricht ein — (In wilder Freude) — und alle hat's derschlagen — den Grubertoni — (Auflachend.) und 's Lisei auch — (Das Lachen geht in Weinen über.) — und 's Lisei auch — und 's Lisei auch — (Wimmernd deckt er das Gesicht.)

(Pause. Man hört von der Ferne den langgezogenen Juhschrei eines Mädchens.)

Lenzl (auffahrend). 'S Lisei kommt! (Eilt durch die Thüre.) Lisei! — Ah na — ah na — alle hat's verschlagen — 's Lisei auch.

Fünfter Auftritt.

Modei. Friedl.

Modei (Lenzl nachblickend). Armer Teufel, armer!

Friedl. Die G'schicht' hab' ich schon an öften g'hört!

Modei. Zu Dir hat er halt a Vertrauen. (Geht wieder an ihre Arbeit.)

Friedl. Is denn eigentlich 'was Wahrs dran?

Modei. No ja — das weißt ja von dem Unglück, das unsern Hof 'troffen hat, wo mein Vater und Mutter und 's ganze Vieh verbrennt is. Der Lenzl war damals schon an erwachsener Bursch von über die zwanzig — und ich a Kind, das g'rad hat laufen können. Wir zwei sind auch im Feuer g'wesen — und der Lenzl hat mich 'naus'tragen mitten durch d' Glut. Seit der Stund' is halt 'was net recht richtig bei ihm — da droben — weißt — vom Schrecken halt —

Friedl. Ja, ja, — das kann ich mir denken!

Modei. — wann er auch sonst wieder ganz g'scheid is, g'scheider fast als andere Leut'. Freilich, mit der Zeit hat sich's auch schon a bißl g'legt. Aber damals — gleich nach'm Unglück, da war's schon recht arg. Und weißt, da haben ihn halt nachher die Burschen und Madln allweil recht zum Narren g'halten. Am ärgsten hat's schon dem Rudhammer sein Lisei mit ihm 'trieben, die der Schatz war vom Grubertoni. So oft 's Madl mein' Brudern g'sehen hat, hat's ihre Dummheiten mit ihm g'habt, und hat ihm allweil vor'plauscht, sie wär' in ihn verliebt — bis nachher der arme Narr dran 'glaubt hat. Unser Herrgott hat s' aber auch g'straft dafür — und der Lenzl kann halt die G'schicht nimmer vergessen.

Friedl. Ja, ja — man vergißt net so leicht — das hab' ich an mir selber verspürt.

Modei. Hat Dich auch b' Lieb' verlassen — han Friedl? Schau — jetzt ich kann mir's gar net einbilden, wie man so 'was verwinden könnt'.

Friedl. No mein — wann den Willen hast, geht alles. Gut schlucken mußt halt können — und nachher fest zuhalten, damit's nimmer in b' Höh' kann.

Modei. Jetzt Du thust Dir da so wie so leichter, weil halt kein' stille Arbeit hast, wo D' allweil so vor Dich hinsinnieren mußt. Du steigst umanander in die Berg' und im Wald, allbot siehst 'was anders — und allweil 'was Schöns, das gar kein' schwarzen Gedanken aufkommen laßt. Ich sag's — so a Jager hat a schöns Leben!

Friedl. Ja — ich häng' auch dran mit Leib und Seel' — und das Leben wär' schon recht — wann nur b' Lumpen net wären — b' Lumpen. Kein' Schritt und kein' Tritt bist sicher, daß Dir net so a Kerl eins 'naufbrennt auf'n Buckel — so a Spitzbua — so a verfluchter.

Modei (sich ereifernd). No — jetzt das is schon g'wiß, daß d' Jager über d' Wildschützen schimpfen, und daß sie s' schlecht machen von oben bis unten. Aber weißt, Einer is halt doch net wie der Ander'. Es gibt schon auch Burschen, die halt 's Wildern net lassen können, weil s' amal die Leidenschäftlichkeit in sich drin haben — wo's ei'm in die Finger juckt, wann a Büxen siehst, und wo's ei'm d' Füß' hebt, wann an Berg anschaust.

Friedl (blickt Modei forschend an; langsam). Du — wen meinst denn Du?

Modei (verlegen stotternd). Ich — ich mein' niemand B'sondern. — Schau — ich hab' — ich hab' mir's halt g'rad so denkt. (Sie ringt die gewaschenen Milchtücher aus und legt sie neben dem Waschgeschirr auf die Bank.)

Friedl. Net wahr is, sag' ich Dir — net wahr is, daß an solchen Burschen gibt! So einer möcht' wenigstens nachher waidg'recht stehlen und net niederschießen, was Haar' am Leib hat. Freilich, freilich — ich weiß ja, wie d' Leut diemal reden. Ich hab' daheim a Buch, wo ich an die Sonntag' drin lies — da stehen Dir auch solche G'schichten drin von die heiligen Wilderer — und wo nachher a recht schlechter Jager da is, weißt, so einer wie's der Teufel braucht ins unterste Schubfach. Der miserablig' Kerl von ei'm Jager schießt nachher von hinterrucks den heiligen Wildschützen 'nunter über d' Wand. Hunderttausend Fuß fallt er über d' Felsen in die grausig' Tiefen — und bleibt am Leben, bis ihn nachher sein

treus Dachshundl findt und 'nauftragt im Maul —
— g'rad hin vor b' Hütten von sei'm gottesfürchtigen
Schatz. Die pflegt ihn nachher — und wann er wieder
g'sund is, macht ihn der König zum Förstner und gibt
ihm noch a Gnadenzulag'. Ja, ja — so steht's drin;
aber derlebt hab' ich's noch nie.

Modei. Bist halt a Jager und schimpfst, weil's Dein
G'schäft begehrt. (Sie schleudert die gerungenen Milchtücher aus.)

Friedl. So — schau Dir s' an, die Burschen —
warum gehen s' denn 'naus. An Armer wann's is, der
denkt sich, daß wann er unter der Woch' a paarmal a
Gamsgais oder a Hirschkalb 'runtertragt vom Berg —
daß er da allweil noch leichter verdient, als wann er sich
sechs Tag' in der Werkstatt plagen muß, oder im Tag=
lohn. Und a reicher Bauernbursch gar — der wildert
am Werktag, damit er am Sonntag mehr Geld hat zum
Verspielen und Versaufen — und g'wildert, so denkt sich
der, is am End' bengerst nobliger als g'radweg g'stohlen.
Ich kenn' schon an solchen.

Modei (die während Friedls letzten Worten auf die Herdbank ge=
stiegen ist, um die Milchtücher an die Stangen zu hängen, wendet sich rasch
um, stockend). Du — wen meinst — denn Du?

Friedl (lachend). Ja mein, Deandl, das kann ich Dir
doch net sagen. Weißt, bei uns Jager da heißt's: sehen
und net sehen — wissen und net wissen. Aber derwischen
wann ich ihn amal thu', nachher gnad' ihm Gott. So
an Lumpen gibt's ja doch nimmer in die ganzen Berg'.

Weißt, ich und der anber' Jagdg'hilf', wir heißen ihn allweil den Neunnägl.

Modei. Das ist amal a g'spassiger Nam'. (Hängt die Tücher auf.)

Friedl. Ja — der Nam', der kommt halt von seiner Fährten her. Weißt, Füß' hat er — a so — und jeder Schuh is in der Mitten mit neun Nägel b'schlagen. Du mein Gott, wo die Fährten hinführt, da möcht's ei'm grausen. Alles bringt er um, jahrige Gamskitzeln, Rehgaisen, Hirschkälber — und wann er amal an Hirsch derschießt, so schneidt er ihm b'. Schlegel und 's Ziemer aus, und alles andere, mit Kopf und G'weih, laßt er liegen — der Lump. Und damit er sich leichter thut, hat er auch noch an Hinterlader. Z'nart hab' ich a Kugel davon g'funden.

Modei. Gelt, mit so ei'm Hinterlader schießt man g'schwinder? (Sie tritt von der Herdbank herab.)

Friedl. No freilich — weil halt g'schwinder laden kannst. Schau — (Nimmt sein Gewehr vom Haken.) da brauchst g'rad da z'drucken, nachher geht's auf — und nachher kannst die verschossen' Patron 'rauszieh'n und an andere dafür 'neinschieben. (Zeigt ihr während dieser Worte die Ladungsweise.)

Modei. Geh, geh — fuchtl' net so 'rum mit'm G'wehr. Könnt' leicht 'was passieren.

Friedl. Ah na — (Hängt das Gewehr wieder auf.) Da geht schon Dir leichter der Millikübel los, als mir mein' Büxen.

Sechster Auftritt.

Die Vorigen. Lenzl.

Lenzl (eilt zur Thüre herein, auf Modei zu und flüstert ihr etwas ins Ohr).

Modei (haftig). Is wahr? Hast ihn Du — (Die Gegenwart Friedls beachtend, bricht sie plötzlich ab.)

Lenzl (flüstert leise in sie hinein, wobei man nur einzelne abgerissene Worte versteht). — g'sagt — draußen — warten —

Modei (kneift ihn in den Arm und will ihn zum Schweigen bringen, während sie ängstlich nach Friedl blickt).

Friedl (wirft bitterlächelnd den Kopf zurück). Ah so! (Er nimmt sein Gewehr um.) B'hüt Dich Gott, Modei!

Modei (stotternd). Ja was is denn — warum willst denn — jetzt — auf amal so g'schwind fort.

Friedl (unter der Thüre). No mein, es wird schon recht dunkel, und ich hab' noch a schöns Stück Weg bis ins Birschhäusl.

Modei (verlegen). Gib fein Acht, daß gut gehst!

Friedl (lachend, mit einem leichten Anflug von Spott). Hab' nur kein' Angst um mich. Ich schau' schon fest hin auf'n Weg — kein' Blick nach rechts oder links — verstehst — und somit gut' Nacht! (Geht nach der Thüre.)

Modei (mit erstickter Stimme). Gut' Nacht!

Lenzl. Gut' Nacht, Friedl, gut' Nacht. Kehr' fein bald wieder zu. Pst — Du — (Er läuft ihm nach, und scheu nach Modei umblickend, flüstert er Friedl zu:) Du — ich könnt' Dir an Wildschützen verraten!

Friedl (blickt Lenzl forschend an, der ihm mit lauernden Blicken in die Augen schaut; dann wendet er sich rasch ab von ihm, und sein Blick streift Modei). Ich dank' Dir schön! (Ab.)

Modei (springt auf Lenzl zu und faßt ihn beim Arme). Lenzl — was hast Du dem Friedl g'sagt?

Lenzl (gereizt). Daß er mir besser g'fallt als der ander'. (Er macht sich los und stellt sich unter die offene Thüre.)

Modei (bleibt nachdenklich in der Mitte der Bühne stehen und streicht sich die Haare zurück).

Lenzl (läßt nach kurzer Pause einen schrillen Pfiff hören; dann kehrt er langsam in die Stube zurück, und einen Ländler pfeifend setzt er sich an den Herd; hier macht er eine Kienfackel zurecht und steckt sie brennend in einen am Hintergrunde befestigten Ring).

Siebenter Auftritt.

Modei. Lenzl. Blasi.

Blasi (eintretend, zu Modei). Hättst mich ja leicht noch a weng drauß' stehen lassen können in der Dunkeln und in der Kälten. Frieren thut's mich wie an Hund, und müd bin ich wie a Mühlesel. (Legt Rucksack, Bergstock und Hut ab.) Du hast freilich kein' Zeitlang g'habt! Was hast denn so Wichtigs verhandeln müssen mit dem jagerischen Windbeutel?

Modei (ist Blasi beim Eintreten entgegen gegangen, um ihm die Hand zu bieten; die Zurückweisung übersehend tritt sie nun besänftigend auf ihn zu). Aber geh, Blasi — weiß Gott — ich hätt' mir 'denkt —

Blasi. Ah, da schau her — wie das Fräulein auf'putzt is. Wo hast denn Du den Buschen her —

vom Jager? Hörst — so 'was verbitt' ich mir! (Er reißt die Blumen aus Modeis Mieder und wirft sie ins Feuer.) Und jetzt will ich 'was z' essen!

Lenzl. D'Hauptsach' kommt allmal z' letzt.

Modei. Jetzt das kann ich Dir sagen, daß ich mir von Dir heut' schon an anders Grüßgott erwartet hätt'. Vier Wochen lang hab' ich Dich nimmer g'sehen, jeden Tag' hab' ich mir 'denkt, Du kommst, und jedsmal war's nix. Und jetzt kommst wirklich amal — und bist so! Ich hab' Dir doch ganz g'wiß kein' Grund 'geben; denn das von wegen dem Jager kann Dich doch net bös machen. Ich kann ihm net d'Hütten verbieten, wann er mit ei'm freundlichen Grüßgott zukehrt, um a Viertelstund' daherin z' rasten.

Blasi. Bring' mir 'was z' essen, is g'scheider als das G'schwatz, das kein' Zweck hat. Mich hungert's, daß mir schiergar der Magen springt.

Lenzl. Das thät' an schönen Kracher.

Modei (blickt mit einem bitteren Lächeln auf Blasi; plötzlich neigt sie forschend den Kopf vor, tritt dann auf ihn zu und befühlt seinen Arm). Jesses! Jesses! Du bist ja durch und durch naß.

Blasi (unwirsch). Sind die Forellen im Grottenbach auch net trocken!

Lenzl. Aber so a G'schrei machen s' doch net, wie Du.

Blasi. Sei nur Du g'rad stad, Du Depp Du!

Modei. Aber gehts, so streit'ts doch net schon wieder! Und sag' mir nur g'rad, Blasi, was is Dir denn g'schehen, Du tropfst ja als a ganzer. Geh — zieh' doch Dein'

Juppen aus und häng' s' ans Feuer — und Deine Schuh' auch. So red' doch — was war denn?

Blasi (spricht, während er Joppe und Schuhe auszieht, die ersten Sätze langsam, so daß man erkennen kann, wie er sich die erfundene Einleitung jetzt erst zurecht legt. Lenzl nimmt dann die Joppe und später die Schuhe, hängt erstere an die Stangen über dem Herde und stellt letztere neben dem Feuer an die Wand. Mobei rührt den Teig zu einem Schmarren ein, den sie während des Verlaufs der Scene zubereitet). Weißt — ich hab' mir halt 'denkt, damit mich niemand sieht — wann ich zu Dir 'raufsteig' — drum such' ich mir an Weg 'raus, wo's doch so g'wiß sein könnt', daß mir keiner begegnet. No ja — drum hab' ich mir 'denkt, ich steig' durch die Grottenbachklamm — und nachher von hinten 'rauf auf b'Alm.

Lenzl. Ja, ja — das is a ganz sichers Platzl; denn da darf nie a Senn oder a Holzknecht 'neinsteigen, weil's der beste Gamsplatz is und dem König sein Leib=g'heg.

Blasi. Jetzt red' mir net allweil d'rein, ich komm' ja sonst draus. (Zu Mobei.) Hast keine Schlorpen; ich kann doch net barfuß umananderlaufen. (Reicht Lenzl seine Schuhe.)

Lenzl. Da hast die meinen, Du Prinz Du be=quemer. (Er wirft ihm mit den Füßen die Pantoffel zu.)

Blasi. No ja — da bin ich halt so durchg'stiegen durch die Klamm, bis ich zu dem Platzl komm' — weißt — wo 's Wasser 'runterfallt so a Schuh a zwanzig. Da muß man nachher durch, und da geht's nachher ums Eck 'rum. Aber g'rad, wie ich aufs Eck zu will, da hör' ich Tritt'. Ich hab' s' schon 'kennt, die

kurzen, schweren Tapper — weißt — der Hies war's
— der anner' Jagdg'hilf — der scheinheilig' Lump. Ich
schau' mich um — mach' an Satz mitten in Bach —
und stell' mich g'rab 'nein unter'n Fall, wo nachher 's
Wasser wie a Dach über mich herg'schossen is. A gute
halbe Stund' bin ich schon so g'standen — nachher hab'
ich ganz unten am Boden mein' Kopf 'nausg'streckt, und
weil ich sonst nix mehr g'hört hab', als wie 's G'lärm
vom Wasser, drum bin ich fort, und jetzt bin ich da.

Lenzl. Du, Blasi!

Blasi. Was!

Lenzl. Is nachher Dein' Büxen auch recht naß
'worden?

Blasi. Was geht denn Dich das an, Du verruckter
Teufel! Und übrigens — ich hab' kein' Büxen net g'habt.

Lenzl. Was! Meinst, ich hab's leicht net g'sehen,
wie Du j' draußen versteckt hast hinter'm Scheiterhaufen?

Modei. Blasi — is das wahr?

Blasi. Laß mir mein' Ruh' — und schau Dich
lieber um Dein' Schmarren um, daß er Dir net ver=
brennt.

Modei (ernst). Na, Blasi — so kommst mir dasmal
nimmer aus. Schau — ich hab's ja g'wußt, daß hie
und da 'nausgehst; aber ich hab' niemals 'was dagegen
g'sagt, wann mir auch gleich b' Angst schier 's Herz
ab'druckt hat. — Ich hab' mir halt 'denkt, Du kannst
net anders — bist a lebendiger, a hitziger Bursch. Aber
mit der Zeit setzt sich ja alles. Wann ich amal Dein

Weib bin, so hab' ich g'meint, könnt' ich Dir's auch leicht ausreden in Lieb' und Güt' —

Blasi (lächelnd). So!

Modei. Ja — aber schau, der Friedl, der g'rad da war, hat mir schon soviel Angst g'macht. Er hat von ei'm g'redt, und da hab' ich z'erst g'forchten, er meint Dich — aber na — so a schlechter Kerl wie der is, kannst ja Du doch net sein. Ich weiß schon, es macht Dir halt Spaß, diemal an Gamsbock z'schießen — aber schau, könntst ja doch leicht amal mit ei'm Jager z'samm'treffen — und mein lieber Herrgott soll mir helfen — ich kann mich gar net 'neindenken, was ich anfanget, wann's da an Unglück gäb'.

Blasi (lachend.) No mein, da käm's halt nachher g'rad drauf an, bei wem's z'erst kracht.

Modei. Blasi — um Gotteswillen —

Blasi. Geh zu — der Schmarren brennt an.

Modei (wendet sich seufzend zum Feuer und rührt die Speise um; dann steht sie wieder auf, um einen Teller zu holen).

Lenzl. Du — Deine Schuh' sind schon trocken. (Er nimmt einen Schuh.) Das is aber auch schon a Trumm Schuh, wie a Floß. Und g'nagelt! (Die Nägel zählend.) Eins — zwei — drei — vier — fünf — sechs — sieben — acht — neune!

Modei (eilt auf Lenzl zu, reißt ihm den Schuh aus der Hand und betrachtet die Sohle; dann läßt sie den Schuh zur Erde fallen). Also doch!

Blasi (ärgerlich): Was denn!

Modei (tritt an das Feuer und schöpft den Schmarren auf den Teller). Hast Du vielleicht schon amal 'was von ei'm recht braven Wildschützen g'hört, den d' Jager den Neunnägl heißen?

Blasi (nimmt hastig seine beiden Schuhe und setzt sich auf die Bank, um sie wieder anzuziehen; dabei schleudert er die beiden Pantoffel mit dem Fuße bis unter den Kreister). Soll's vielleicht gar ich sein, weil meine Schuh' g'rad zufällig mit neun Nägel b'schlagen sind? Zum lachen!

Modei (legt einen Löffel in den Teller und stellt denselben dann neben Blasi auf die Bank). Da — recht gut wird er wohl net sein. (Sie setzt sich an den Herd). Wie mir jetzt ums Herz is, das kann ich net sagen. Ich möcht' Dir so gern glauben — und kann's doch net!

Blasi (essend). Wär' net übel.

Modei. All die trüben Gedanken — die ich sonst mit G'walt nieder'druckt hab' in mir — jetzt kommen s' wieder. Den ganzen Sommer über bist höchstens drei oder viermal dag'wesen — und wann nachher da warst, hast Dich so aufg'führt, daß ich mir oft hab' denken müssen, Du kommst bloß, weil Dir mein' Hütten g'rad kommod zum Rasten is — und — und — weil Dich mein' Lieb' a paar Stund' unterhalt. Denn so gut und freundlich, wie D' früher warst — vorher — so bist schon lang nimmer.

Blasi (essend). Jetzt so balket, wie Du daherredst, das hat's doch nie net 'geben. Allweil kann man net schmeicheln und freundlich thun — a Mensch hat andere Sorgen auch g'nug — und ich selber g'wiß mehr, als Du Dir denkst. Drum sei stad — bist mein lieber Schatz — und der Teufel soll mich gleich am Fleck da holen, wann ich's net ehrlich mein' mit Dir.

Lenzl. Glaub's ihm net, Modei, glaub's ihm net! Mit jedem Wort, das er sagt, lügt er Dich an, daß blau wirst.

Blasi. Gelt, Du bist stad, Du dahinten!

Lenzl (schreiend). Falsch is er, sag' ich Dir, bis in b' Seel' 'nein. G'rad so wie er, so hat der Grubertoni ausg'schaut — mit dem scheinheiligen Blick —

Blasi (aufspringend). Stad bist, sag' ich Dir, oder ich spring' amal mit Dir um, daß dran denkst Deiner Lebtag'!

Lenzl. Zu — nur zu! Für Dich gibt's auch noch an Tanzboden, der Dich derschlagt, wie's den andern derschlagen hat! Der Erdboden schamt sich ja schon fünf= undzwanzig Jahr' lang Deinetwegen!

Blasi. Ja Himmel — (Er stürzt auf Lenzl zu, der ihm entwischt; in der Mitte der Bühne erreicht er ihn und drückt ihn an den Armen zur Erde nieder.)

Modei (aufschreiend). Blasi! (Sie springt auf die beiden zu.)

Blasi (stößt im gleichen Augenblick einen lauten Schmerzensruf aus und läßt Lenzl los, der hastig durch die Thür hinauseilt).

Achter Auftritt.
Modei. Blasi.

Modei. Was is denn?

Blasi. 'Bissen hat er mich — schau her — 's Blut steht mir auf der Hand.

Modei. Jesses na! — Geh — da is a kalts Wasser!

Blasi. Ah was! Das macht nix! (Er leckt die Hand ab und trocknet sie dann an der Hose.) So a Verruckter is g'rad wie a Kind — das beißt nein, wo's 'was derwischt. (Setzt sich auf die Herdbank).

(P a u s e.)

Modei. Weißt mir denn gar nix zum erzählen?
Blasi. Na!
Modei. Net? — No — wenigstens könntst mir doch sagen, wie's unserm Franzerl geht?

Blasi. Ja schau, das kann ich Dir net sagen. Ich hab's dengerst a Wochen a vier nimmer g'sehen.

Modei. Jetzt daß ich das glaub', das wirst ja doch net verlangen. Das ging ja doch gegen alle Natur. Im gleichen Ort bist mit ihm bei'nander Tag für Tag, und Du —

Blasi (faßt Modei bei der Schürze und zieht sie zu sich auf die Bank). Aber geh, Du Narr, so laß nur g'rad g'scheid mit Dir reden! (Er legt den Arm um ihre Hüfte.)

Modei. Na Blasi, na — alles will ich Dir glauben — alles; aber das kannst mir net einpredigen, daß bei Dir da drin gar kein' Stimm' redt, wo Dich Stund' für Stund' net an Dein Büberl mahnt, und wo Dir 's Herz net schwer macht vor lauter Sorg', wie's ihm geht, und ob's auch g'sund is und wohlauf.

Blasi (schmeichlerisch zuredend). Aber geh — kannst Dir jetzt das net einbilden, daß wann ich mich allbot nach dem Kind erkundigen thät' — schau — da müßten ja d'Leut' nachher merken, daß ich an b'sondern Grund hätt' zum fragen.

Modei (schüttelt ungläubig den Kopf). Sixt — wie ich damals unser Kind unter'm Herzen 'tragen hab', da bist Tag für Tag zu mir 'kommen und hast mir allweil vorg'redt, was das für an Verdruß mit Dei'm Vatern gäb', wann der 'was davon erfahret, und daß er Dich enterben thät' — und drum möcht' ich net verraten, daß D u ' s g'wesen bist. Ich h a b' mich damals überreden lassen — und was ich versprochen hab', das hab' ich auch g'halten bis zur heutigen Stund' — und ich hab' mich an all die Schand' und den Spott net 'kehrt, wo ich drum hab' leiden müssen. Aber glaub' ja net, es is g'schehen, weil ich vielleicht dran 'denkt hab', daß doch noch amal alles recht wird, wann ich nur erst Dein Weib bin — na, g'wiß net — w a n n ' s g'schehen is, so war's bloß deswegen, weil ich Dich gern g'habt hab' und weil ich Dir nix hab' abschlagen können.

Blasi. Is ja recht — is ja recht —

Modei. Und späterhin nachher, wie's Kind auf der Welt war, und b' Sorgen und b' Not haben mich fast erdrückt — und wie Du nachher g'sagt hast, Du könntst mir nix dazu geben, weil Dein Vater jeden Kreuzer wüßt', den D' hast — und wann auf amal mehr brauchest, da gäb's drum a Fragerei, und da käm's nachher auf, wozu als Du's brauchest — schau — da is mir's auch recht g'wesen — und ich hab' lieber g'arbeit', daß mir 's Blut zu die Nägel 'raus g'spritzt is —

Blasi. Ja — ja —

Modei. Aber das, was jetzt wieder sagst — Blasi — na — das will mir net in Kopf 'nein.

Blasi (schmeichelnd.) Schau, Modei, Du hast halt zu so 'was net den richtigen Verstand — weißt! Ich gib's ja gern zu, daß mein G'wissen mich allweil druckt wegen dem Kind, und daß ich's gern sehen möcht' — und so weiter halt —

Modei (blickt ihn forschend an). Is wahr?

Blasi. Aber schau — wie leicht könnt' ich mich da amal verraten — und was da nachher für a Suppen 'rauskäm', das is gar net zum Absehen. G'wiß wahr, mein Vater derschlaget mich! (Er steht auf und nimmt seine Joppe von der Stange.) Schau, drum hab ich mir 'denkt, Du könntst mir doch das z'lieb thun, daß ich mich da net allweil z'fürchten brauchet. (Er setzt sich wieder neben Modei und zieht ein Papier, dann einen Bleistift aus der Joppentasche.) Da hab' ich halt jetzt a Schrift mit'bracht — jesses, jetzt is das Luderpapier auch ganz naß 'worden — macht aber nix, lesen kann man's ja noch — weißt — wann halt Du die G'schicht' unterschreiben möchtest — da hab' ich Dir auch gleich an Bleistiften mit'bracht. (Reicht Modei das Papier.)

Modei (schaut Blasi ins Gesicht, dann entfaltet sie langsam das Papier und liest). „Erklärung. Ich Endesunterzeichnete erkläre, daß der Bauernsohn Blasius Huisen mit meinem Kind, genannt Franzerl, gar nix zum Schaffen hat, weil er — der Vater nicht ist, und auch nix zum Zahlen hat." (Sie läßt die beiden Hände mit dem Blatt in den Schoß sinken.)

Blasi (zuredend). Weißt, das letzte, das hat eigentlich gar nix zum bedeuten, das steht g'rad so da. Drum geh, liebs Schatzerl, sei g'scheid, thu' mir den G'fallen. (Er drängt ihr den Bleistift in die Hand.)

Modei (wild aufschreiend). Na, na, na! Das kann ich net. Das wär' ja a Lug', so gottssträflich, wie nix Zweits auf der Welt!

Blasi (hastig und erregt). Aber ich bitt' Dich, Modei — schau, es muß sein! Geh, thu' mir den G'fallen! Alles thu' ich Dir dagegen, was D' willst — aber unterschreib' das Papier.

Modei (wendet langsam das Gesicht gegen Blasi). Blasi — Du willst heiraten — an andere.

Blasi (nach kurzer Pause zögernd). — J...a! (Hastig.) Amal muß ich's ja doch sagen. (Zieht seine Joppe an.)

Modei (springt auf und drückt die Hand, in der sie das Blatt hält, krampfhaft an die Brust).

Blasi (verdutzt). Was is denn?

Modei (dumpf). Nix! — — G'rad an mein Kind hab' ich 'denkt!

Blasi (steht auf, tritt zu Modei und legt den Arm um ihre Hüfte). Aber schau, so nimm die Sach' doch net gar so schief.

Modei (schauert zusammen und macht sich von ihm los).

Blasi. Es muß amal sein! Mein Vater hat's ausg'macht, und ich kann net anders. Aber bei allem, was heilig is, schwör' ich Dir, daß ich fürs Kind sorgen will, wann mir der Vater erst amal sein' Hof übergeben hat.

Denn schau, das kannst ja doch net verlangen, daß ich mich mit Vater und Mutter verfeind'.

Modei (bitter). Na — das wär' freilich z'viel verlangt.

Blasi. No also — siehst es! Drum geh, thu' mir den G'fallen. Schau, g'rad jetzt kannst Dein' Lieb' zu mir beweisen. Geh, unterschreib' — geh, Modei — magst net?

Modei. — — — Ja! (Sie geht nach dem Herde, setzt sich nieder und legt das Blatt vor sich auf die Bank.)

Lenzl (unsichtbar durch die Thüre). Modei, thu's net!

Modei (blickt langsam nach der Thüre; dann wendet sie den Kopf zurück, unterschreibt, steht auf und reicht Blasi das Blatt, der ihr während des Schreibens über die Schulter blickte). — Da!

Blasi (mit unverhehlter Freude, während er das Blatt sorgsam einsteckt). Vergelt's Gott, Modei, vergelt's Gott tausendmal! Schau, das vergiß ich Dir nimmer all meiner Lebtag'. — Und g'wiß wahr, gern hab' ich ja doch bloß Dich! Denn wann ich jetzt auch an andere heirat' — (Modei an sich ziehend.) — zwischen uns zwei kann's ja doch so bleiben, wie's war.

Modei (Blasi wild von sich stoßend). Pfui Teufel! — Zwei lange Jahr' hast 'braucht, bis ich Dich mögen hab' — und mit zwei kurze Wort' hast es fertig 'bracht, daß mir z'wider bist bis in b'Seel' 'nein. Geh, sag' ich Dir — — geh — mir graust!

Blasi. Is auch recht; da brauch' ich mir g'rad kein' Vorwurf z'machen. (Er nimmt Hut und Bergstock und geht nach der Thüre; dort bleibt er stehen und wendet halb den Kopf nach Modei zurück.) B'hüt' Dich Gott! (Rasch ab.)

Modei (setzt sich an den Herd und stützt den Kopf in die eine Hand, während sie mit der andern ein Stück Holz ergreift, mit dem sie während der ganzen folgenden Scene in der Glut umher stochert).

Lenzl (von außen). Gelt Du! Vergiß fein Dein' Bützen net!

Blasi (sich entfernend). Sei nur stad! Wir zwei kommen doch noch z'samm'.

Lenzl. Ich glaub's net, denn ich kommt net in d' Höll'!

Neunter Auftritt.

Modei. Lenzl.

Lenzl (tritt ein, geht auf Modei zu und beugt sich über ihre Schulter). Sei froh, daß ihn los bist. Weißt 'was — nimmst Dir an andern —

Modei. Geh schlafen!

Lenzl. Ja, ja — Zeit wär's! (Er geht nach dem Kreister, auf halbem Weg bleibt er stehen.) Du, Modei, die scheckete Kuh g'fallt mir heut' gar net. Ich mein' allweil, es is schlechter 'worden mit ihr. (Er geht nach dem Kreister.) No ja — morgen kommt ja der Dokter. (Steigt in den Kreister.) Aber sei nur stad — sei nur stad — der Tanzboden erwischt ihn schon — den Lumpen! Hörst es krachen! Alle hat's derschlagen — alle — den Grubertoni — und 's Lisei auch — und 's Lisei auch —

Modei (wirft das Holz beiseite und birgt schluchzend das Gesicht in die Schürze).

(Die Kienfackel erlischt. Der Vorhang fällt.)

II. Aufzug.

Freier Platz auf der Grottenalm. Rechts ganz im Vordergrunde steht auf einem kleinen Hügel die Hütte, welche auf der vorderen Front- und Giebelseite von einer Holzterrasse umzogen ist, die ein natürlicher Zaun abschließt. Vier Steinstufen führen vor der Thüre von der Terrasse auf den Bühnenboden. Links von der Thüre ist bis unter das Dach Kleinholz aufgebeugt. Rechts von den Stufen, unter der Terrasse, steht eine natürliche Bank, welche von Hollunderstauden überdacht ist. Ganz im Vordergrunde rechts der laufende Brunnen. Hinter Brunnen und Hütte erheben sich große Föhren. Links im Vordergrunde steigen die Felsen empor, über welche herab ein Rutschweg auf die Bühne führt; dahinter, ganz auf der Höhe, steht Punkls Hütte, von wo aus ein von einem Zaun geschützter Steig niederführt. Links im Hintergrunde der allgemeine Abstieg. Die ganze Mitte der Bühne bleibt frei für die Fernsicht in das Thal und die dahinterliegenden Berge. Die Zeit ist am Nachmittage, so daß gerade bis zu Schluß des Aktes die Dämmerung eintritt.

Erster Auftritt.
Monika. Lenzl.

Monika (unsichtbar auf der Höhe, singt).

Über Berg' und über Thal
Scheint der Sonne Strahl,
Und der Gamsbock springt frischauf
Über d'Felsen 'nauf.
Droben auf der Höh'
Blinkt so weiß der Schnee;
Von da droben schaust weitaus
Ins Landl 'naus. (Jodler.)

Lenzl (sitzt am Brunnen und schneidet aus einem Hollunderrohre eine Pfeife, die er während des Gesanges von Zeit zu Zeit probiert. Neben ihm liegt eine Geißel). Sakra — daß ich heut' aber auch gar nix z'samm'bring'. — — (Er schneidet an der Pfeife.) Wart' nur — ich werd' dir doch noch Herr, du Teufelsröhrl du! — (Er probiert wieder zu pfeifen, dann ruft er gegen die Höhe.) Hörst net auf, Du da droben, mit Dei'm Gedudl; da glaub' ich schon, daß mein Pfeiferl net stimmt.

Monika (bricht lachend den Jodler ab). Warum bist denn heut' gar so fuchtig, Lenzl — han? Gelt, ärgerst Dich halt, weil Du net so schön singen kannst!

Lenzl. Jeh — so wie Du singst, so singen meine Küh' auch! (Probiert die Pfeife.)

Monika. Jetzt das glaub' ich doch net, wann ich auch schon lang weiß, daß Du so dumm bist, wie die meinen. (Lacht und singt dann.)

    Zwischen Bäum' und Felseng'stein
    Steht mein' Hütten fein;
    Und wo d'Hütten steht, den Platz
    Findt gar wohl mein Schatz.
    Kommt mein lieber Bua,
    Juchezt laut mir zua,
    Nachher schlagt mein Herz voll Freud'
    Und Seligkeit! (Jodler, während Monika sich entfernt.)

Lenzl (der während des Gesanges in stummer Wut in die Höhe gedroht hat, springt während des Jodlers plötzlich auf, ergreift die Geißel und eilt nach dem Hintergrunde, aus dessen Tiefe lautes Schellengeläute ertönt: er droht mit der Geißel in die Tiefe und ruft hinab). Hörst net auf, du Tropf, du elendiger! Oder muß ich vielleicht 'nunter kommen? Sakra — sakra — — jetzt frag' ich dich aber g'rad, ob a Ruh' gibst, oder net! (Er rafft Steine auf und schleudert sie in die Tiefe.) Du — wart' nur — du — gelt, jetzt gibst nach! (Aufatmend drückt er sich den vom Bücken steifen Rücken ein.)

Zweiter Auftritt.

Lenzl. Modei.

Modei (ist, die Hände mit der Schürze trocknend, unter die Thüre getreten). Was is denn? Was is denn?

Lenzl (eifrig gestikulierend). Ah mein — der Bläß, der Tropf, laßt der braunen Gretl kein' Ruh' net — und sie will ihm doch nix.

Modei. Aber so laß s' doch umtreiben! Die thun anander nix. Sei froh, daß g'sund sind und springen, statt daß im Stall drin liegen und alle Viere vonanander strecken. (Ab in die Hütte.)

Lenzl (schaut noch nach der Thüre, während Modei schon längst verschwunden ist). Ja, ja — hast schon recht! (Er blickt noch einmal in die Tiefe, dann geht er langsam nach dem Brunnen und nimmt seine geschnitzte Pfeife zur Hand.) Jetzt bin ich ganz draus 'kommen. Wann ich nur g'rad wüßt', ob's z'hoch g'stimmt hat oder z'nieder. (Er probiert.) Aha! (Schneidet wieder mit dem Messer daran umher und summt dazu, so daß der Text im Anfang unverständlich ist.)

— — — hm, hm —
's is halt an alte G'schicht',
daß a dünns Brettl bricht —
(Plötzlich springt er auf und eilt der Hütte zu.) Du Lisei — Du — weißt es schon — (Er bleibt stehen und streicht sich das Haar in

die Stirne; mit zitternder Stimme.) Ich glaub' schiergar, daß ich a Narr bin.

Dritter Auftritt.

Lenzl. Modei und **Martl** treten aus der Thüre.

Martl (in langen Hosen, Bergschuhen, weiter, schlotternder Weste und Joppe; Mütze mit großem Schild, alte Brille, grauer, struppiger Backenbart; Rucksack und Hackenstock). Schau, Modei, ich hab' Dir's ja gleich g'sagt, daß Dich net z'ängstigen brauchst. Mit der Kuh is noch lang net am längsten, das sag' ich Dir. Aber so 'was braucht halt sein' Zeit. Da fehlt's eben jetzt am Magen, denn die Kuh, das is amal g'wiß, die hat 'was Scharfs in sich neing'fressen, und das vertragt halt a jeder Magen net. Es is mit dem meinigen g'rad so! Schaust halt jetzt nachher allweil recht schön drauf, daß Dein' Kranke a saubers Futter kriegt. Und wann s' so daliegt, nachher thust ihr biemal a bißl schmeicheln, denn bei einer Krankheit hat a heiters G'müt gar viel Vereinflussung. Ja — und alle Abend' thust ihr nachher drei Löffel voll von der Medazin in Trank 'nein.

Modei (die mit gespanntester Aufmerksamkeit zugehört hat). Da wird sich nix fehlen! Wann mir nur g'rad das Stückl Vieh wieder g'sund werden möcht'!

Vierter Auftritt.

Die Vorigen. Verl, Punkl, Monika.

Punkl (unsichtbar von oben). Jesses, jesses, hörst net auf! Ich schrei'!

Verl (von oben). Laß mir lieber Du mein' Ruh'! (Er erscheint mit einer Kraxe auf dem Rücken und steigt nach der Bühne herab.)

Monika (unsichtbar). Hast recht, Verl, hast recht!

Martl (ruft ihm lachend entgegen). Ja Verl, was is denn? Du wirst doch der Punkl nix 'than haben.

Verl (verneinend). Ah!

Lenzl. Du, der is todsfroh, wann sie ihm nix thut. Wann er s' auf hundert Schritt' sieht, macht er jedsmal an Umweg von fünf Stund'. Gelt Verl?

Verl (der eben auf die Bühne kommt). Laß mir mein' Ruh'!

Modei. Wohin denn schon wieder? Abtragen? Mir is aber doch, als hättst erst gestern ab'tragen.

Verl. Ah!

Martl. Ja weißt, er zwingt's halt net auf amal, damit er drunten zweimal ins Wirtshaus kommt.

Verl. Laß mir mein' Ruh'! (Ab im Hintergrunde.)

Modei (geht lachend in die Hütte).

Monika (welche links in der Höhe an das Geländer getreten ist). Ja Doktermartl, bist Du allweil noch da?

Martl. No freilich. Nach Deine Küh' hab' ich mich schon umg'schaut auf der Weid'. Jetzt möcht' ich g'rad noch wissen, wie's D i r geht.

Monika. Mir? Wie soll's denn mir anders gehen als gut, bei d e r Luft!

Lenzl. Und d e r Dummheit! Ja, ja, ich sag's, dumm sein macht g'sund und fett.

Monika. Ich glaub', Dir fehlt auch nix.

Martl. Geh, komm a bißl 'runter, daß man doch auch wieder amal a luftigs G'fichtl fieht. D' Modei, die macht feit a Tag' a vierzehn fo wie fo a Göfcherl, als ob f' Galläpfel 'geffen hätt'.

Lenzl (der nach dem Brunnen geht, halb für fich). No, wenigftens hat f' in an recht fauern 'neinbeißen müffen.

Monika (ruft gegen Punkls Hütte). Du Punkl, komm a weng mit, der Martl is drunten! (Sie steigt auf die Bühne herab.)

Punkl (in der Hütte.) Gleich komm' ich, ich muß mir g'rad die Händ' a weng wafchen.

Lenzl. Wafch' Dein G'ficht auch mit, daß man d' Haut wieder amal fieht.

Martl. Bei mir macht f' deswegen doch kein' Eroberung.

Monika. No, wer weiß. Im Alter thäts g'rad z'famm'paffen.

Martl. Wär' net übel! Die Punkl is ja fchon älter als der luthrifch' Glauben.

Lenzl. Meinft? Jetzt ich fag', die is fchon fo alt, als Gott allmächtig. Bei der wird ja b' Nafen fchon grau.

Punkl (erfcheint auf der Höhe). So — da bin ich. (Sie steigt herab.) Das freut mich fchon recht, daß da bift, Martl. Schon lang hab' ich mir 'denkt, ich müßt' Dich amal um 'was fragen; denn wann Du auch g'rad 's Vieh kurierft, diemal kannft ei'm halt doch an guten Rat geben.

Martl (gefchmeichelt). Ja, ja — es is fchon wahr — g'wiffe Ding' gibt's, wo Vieh und Menfch ganz gleich find.

Monika. Gelt, Du meinst wohl den Verstand?

Lenzl. Ah — man hat ja net von Dir g'redt.

Martl. No also, Punkl, wo fehlt's bei Dir?

Punkl. Na, na; ich war ganz allein; bei mir is niemand g'wesen.

Martl (ruft ihr in das Ohr). Wo's fehlt, hab' ich g'fragt.

Punkl. Was hast g'sagt? So, so! Ja schau, mit mir is das a ganz b'sondere G'schicht'. Siehst, da im Rucken da schneidt's mich, so oft ich mich buck' —

Martl. Buck' Dich halt net!

Punkl. Und da in der Seiten — weißt — da sticht's mich jedsmal, wann ich hindruck' —

Martl. Druck' halt net!

Punkl. Und überhaupts is mir allweil so entrisch — net recht und net schlecht — so — ich weiß net wie! Und allweil hab' ich Kopfweh.

Monika. Jetzt ich hab' in mei'm ganzen Leben noch nie net Kopfweh g'habt.

Lenzl. Das glaub' ich schon — 's Kopfweh kommt halt vom Hirn.

Punkl. Ja, ja — dazu hab' ich nie kein' rechten Hunger, aber allweil Durst, viel Durst. Jetzt sag' mir nur g'rad, was das is?

Martl (Punkl kopfschüttelnd betrachtend). Ja mein, so 'was is schwer zum sagen! (Schreiend.) Streck' amal Dein' Zung' 'raus.

Punkl (thut es).

Martl. No, lang g'nug is!

Monika. Gäb' a schöns Trumm G'selchts ab.

Lenzl. Wünsch' guten Appetit!

Martl (schreit Punkl in das Ohr). Und jetzt thu' amal Dein Pratzl her, daß ich Dein' Puls befühlen kann. (Sucht vergebens nach dem Pulse.) Jesses — Du hast am End' gar kein' Puls. (Er wendet Punkl und legt das Ohr an ihren Rücken. Dann hebt er mit bedenklicher Miene wieder den Kopf.) Jetzt weißt was — diffanieren kann ich Dir die Krankheit net; Du könntst mir alles z'viel derschrecken. Aber an guten Rat will ich Dir geben — und der kost't nix. Da ißt halt jetzt amal a paar Tag' gar nix und wann's nachher net besser wird, nachher ißt a paar Tag' recht viel — ja — g'rad was in Dich 'neingeht! Eins davon hilft g'wiß!

Fünfter Auftritt.
Die Vorigen. Friedl.

Friedl (steigt aus dem Hintergrunde empor). Grüß' Gott bei'nander!

Martl, Monika, Lenzl. Grüß' Gott, Grüß' Gott!

Punkl. Schau, schau, der Friedl! Bist schon wieder da? Seit vierzehn Tag' is ja der Modei ihr Hütten 's reine Birschhäusl. Da gehen Dir jetzt d'Jager aus und ein, wie der Pfarrer in der Kirchen.

Friedl (hat inzwischen Gewehr und Bergstock auf die Bank gelegt; dann geht er auf Lenzl zu, der am Brunnen sitzt, reicht ihm die Hand und flüstert). Wie geht's ihr denn?

Lenzl. Gut, Friedl, gut! Heut' hat s' mit mir a

ganze Stund' wegen Deiner g'redt, daß gar so viel freundlich bist mit ihr.

Martl. Ich werd' mich halt jetzt schön stad auf'n Weg machen.

Friedl. Was! Das schauet ja g'rad aus, als ob Du gingst, weil ich komm'.

Martl. Ah na! Das weißt ja, wie man Dir g'sinnt is, Du Teufelsbua Du! Bist ja der reine Seelenrauber. Alles muß Dir gut sein. (Schüttelt Friedl die Hand.)

Monika. No, no, no!

Punkl. Was hast g'sagt? (Zu Martl.) Han, Martl, gehst denn schon?

Martl. 's is Zeit!

Punkl. Weit? Ja, ja — bis heim hast noch an schönen Weg.

Martl (ruft Punkl ins Ohr). Ich muß heut' noch auf d'Lerchkogelalm 'nüber. Da geht auch a Stück auf die letzten Füß'.

Punkl. So, so!

Monika. Was is denn, Martl, kommst morgen net her? Morgen is Sonntag, und da kommen die Almerinnen von der nächsten Näh' alle zu uns am Nachmittag. Du, da wird's fein lustig.

Martl. Kann schon sein, daß ich komm', aber g'wiß kann ich's net sagen. Weißt, mein' Dokterei macht mir schon recht viel zum schaffen. Aber jetzt muß ich fort. B'hüt' Dich Gott! (Reicht Monika die Hand.)

Monika. B'hüt' Dich Gott auch!

Friedl und **Lenzl.** B'hüt' Dich Gott, Martl!

Martl (ruft Punkl ins Ohr). Was is, Punkl! Gehst noch a Stückl mit, nachher schauen wir uns am Weg noch a bißl nach Dei'm Vieh um.

Punkl. Ja freilich. Mit Dir diskriert sich's auch so viel gut — (Sie gehen mit einander dem Hintergrunde zu und während sie absteigen, verlieren sich nach und nach Punkls Worte.) — und gar erst, wann von Deiner Dokterei redst. Is schon wahr, da kann sich a Sennerin so viel merken, was man allbot brauchen kann. Schau, ich hab's vor a paar Tag' zum Verl g'sagt, wie er g'meint hat — — —

Monika (die indessen nach Punkls Hütte emporgestiegen ist, ruft, während Punkl noch spricht, über die Höhe herab). Du, Martl — gelt, mach' mir fein die Alte net rebellisch; bei der hat's es gleich! (Ab.)

Sechster Auftritt.

Friedl, Lenzl, Modei.

Lenzl (setzt sich auf die Bank und streckt sich). Ah ja!

Friedl. Is b'Modei drin in der Hütten? (Er tritt hinter die Treppe, lehnt sich über das Geländer und blickt in die Thüre.)

Lenzl. Gelt, kannst es schon net derwarten, bis Du s' siehst. (Ruft.) Modei — Modei!

Modei (von innen). Was is?

Lenzl. Geh, komm 'raus. Es is wer da!

Friedl. Ich bin's, Modei — der Friedl!

Modei (tritt unter die Thüre). Ja grüß' Dich Gott! Wie geht's Dir denn?

Friedl (lachend). Gut! Jetzt schon gar! (Er streckt ihr die Hand entgegen.)

Modei (tritt ans Geländer und reicht ihm die ihrige). Bist gestern auf d'Nacht noch gut heim'kommen?

Friedl. G'wiß auch noch — wirst Dich doch net g'sorgt haben um mich?

Modei. Ja schau, es war halt doch schon recht spat, wie D' fort bist. Aber jetzt mußt mich schon noch a paar Minuten verentschuldigen, bis ich drin vollends z'samm'g'raumt hab'. Nachher, is bei mir für heut' auch Feierabend.

Friedl. Geh nur zu! „Z'erst d' Arbeit und nach= her 's Vergnügen," sagt der Herr Pfarrer, wann er von der Kirch ins Wirtshaus geht.

Modei (nickt ihm freundlich zu und geht in die Hütte).

Friedl (flüsternd). Was is Lenzl; nix Neus?

Lenzl (wichtig, sich an Friedls Seite drückend). Ja! der Blasi hat heut' in der Fruh' an seinigen Freund 'rauf g'schickt — weißt — und der hat nachher da allweil so 'rum= g'redt —

Modei (in der Hütte). Heut' hast wenigstens an guten Heimweg —

Friedl (laut). Ja, ja!

Lenzl (flüsternd). — bis er's nachher z'letzt so 'raus= 'bracht hat —

Modei — der Himmel is ganz klar —

Lenzl — daß das Papier, wo b' Modei unter= schrieben hat —

Modei — und der Mond wird heut' da sein, vor's Nacht is.

Lenzl — gar kein' g'richtliche Geltung haben thut.

Friedl (Modei laut antwortend). Ich geh' aber heut' gar nimmer 'nüber ins Birschhäusl.

Lenzl. Und da hat nachher jetzt der Blasi durch den Freund anfragen lassen —

Modei. Ja wo gehst denn nachher sonst hin?

Friedl. Ich geh' heut' heim, ins Ort 'nunter. (Flüsternd.) Weiter!

Lenzl — ob d' Modei net an ausg'machts Geld annehmen möcht', damit er in der Zukunft nix mehr zum schaffen hätt' mit der G'schicht'.

Modei. Morgen kommst aber nachher doch wieder 'rauf?

Friedl. Na! Morgen am Sonntag hab' ich frei, und vom Montag an hab' ich d' Schur im Hearberg, und der ander' Jagdg'hilf kommt dafür auf vierzehn Tag' in den Bezirk. (Flüsternd.) Und was hat d' Modei g'sagt?

Lenzl (kichernd). Den Botschaftsträger hat j' 'nausg'jagt zur Thür' und hat g'sagt, sie wüßt' nix vom Blasi und hätt' nie 'was mit ihm zum schaffen g'habt. Von ihr aus könnt' er heiraten, wen er mag, wann er nur g'rad sie in Ruh' lasset.

Modei. Kommst nachher Du vierzehn Tag' lang gar nimmer daher?

Friedl. Ah ja — ich werd' schon amal a G'legen=

heit finden. (Flüsternd.) Hat s' aber nachher net g'weint, wie der ander' fort war?

Lenzl. Ah na — seit acht Tag' weint s' schon kein Zährl mehr. (Schmeichelnd.) Es macht sich, Friedl, es macht sich!

Modei (in Jacke und Umschlagtuch, tritt unter die Thüre, eine Näharbeit in der Hand). Es is mir aber schon g'wiß net recht, wann ich Dich so lang' nimmer sieh. Ich hab' mich in die vierzehn Tag' ganz g'wöhnt dran, daß Du jeden Abend da bist.

Lenzl (flüsternd zu Friedl). Jetzt laß' ich Euch amal a bißl allein mit anander. (Geht pfeifend und die Geißel schwingend nach dem Hintergrunde.)

Modei (über die Stufen herabsteigend). Wo gehst denn hin, Lenzl?

Lenzl. Ah — weißt — g'rad nach'm Vieh schau' ich mich noch a bißl um. (Verschwindet hinter der Hütte.)

Modei (ihm nachblickend, gedehnt). So — so!

Siebenter Auftritt.

Friedl, Modei.

Friedl (nimmt Gewehr und Bergstock von der Bank und lehnt beides in die Ecke bei den Stufen). Ja willst jetzt heut' gar noch nähen? Siehst ja fast nix mehr.

Modei. No mein — a halbs Stündl thut's es schon noch. Weißt, unter Tags hab' ich halt kein' Zeit — (Sie setzt sich auf die Bank.) — und ich kann's amal net leiden, wenn wo 'was zerrissen is. Ich möcht' mein Sach gern sauber beisamm' haben. (Beginnt zu nähen.)

Friedl (jetzt sich auf das andere Ende der Bank und sieht Modei eine Zeitlang zu). Das Nähen, das muß doch schwer sein!

Modei (lachend). No mein, können mußt es halt.

Friedl (rückt nach einer kleinen Pause ein wenig näher). Sag', Modei — wann ich jetzt vierzehn Tag' nimmer komm', thut's Dir wirklich ahnd nach mir?

Modei (treuherzig). G'wiß Friedl! Denn schau, Du bist allweil gleich gut aufg'legt und unterhaltsam — in die letzten zwei Wochen, wo Tag für Tag dag'wesen bist, hab' ich das so recht merken können. Ich weiß zwar, daß Du gegen alle Leut' so bist — aber ich weiß net — mir is vor'kommen, als ob Du's gegen mich in der letzten Zeit ganz b'sonders wärst.

Friedl (vor sich auf die Erde blickend). No mein — ich hab' mir halt 'denkt, Du könntst a Freundschäftlichkeit g'rad jetzt recht gut brauchen.

Modei (aufblickend). Wieso?

Friedl (verlegen). No ja —

Modei (haftig). Friedl, Du weißt 'was!

Friedl. Alles!

Modei. Von wem?

Friedl. Vom Lenzl!

Modei (aufspringend). Der — (Sie setzt sich wieder und näht weiter, das Gesicht tief über die Arbeit gebeugt.)

Friedl (nach kurzer Pause). Deswegen mußt aber jetzt net mir harb sein; denn schau, Modei, ich mein' Dir's g'wiß gut. Wann ich auch schon so a balketer Kerl bin, der nix kennt, als sein' Büxen und seine Birschweg' —

das Eine kann ich deswegen doch noch: daß ich von 'was net red', wann ich net will, oder wann ich net soll — weißt!

Modei (ihm die Hand reichend). Geh — so war's ja net g'meint. Vielleicht is gut, daß ich wen hab', wo ich mein Herz ausschütten kann, und der mich trösten möcht'. Und wer könnt' da leichter dazu passen, als wie Du — is Dir's doch auch net viel besser 'gangen, als wie mir.

Friedl (tief aufseufzend). Ja — uns zwei hat's halt sitzen lassen mit der Lieb'.

Modei (unter Thränen). Drum können — wir zwei — uns — auch am besten trösten.

Friedl (hastig bis dicht an ihre Seite rückend). Geh — jetzt wirst doch net wegen so 'was 's Weinen anfangen! (Er legt den Arm um ihre Hüfte.)

Modei. Aber schau — es is — es is halt gar so hart — wann — wann — (In lautes Weinen ausbrechend legt sie ihren Kopf an Friedls Brust.)

Friedl (in verlegener Hilflosigkeit, und selbst mühsam das Schluchzen unterdrückend). Aber geh, Modei — geh — scham' Dich doch! Aber geh — ich bitt' Dich — hör' nur g'rad auf — schau — ich kann so 'was net vertragen. Himmel= sakra — jetzt rinnt mir selber 's Wasser 'runter — na, so 'was Dumms! Geh — sei nur g'rad stad! (Er richtet ihren Kopf in die Höhe und trocknet ihr mit seinem großen, färbigen Taschentuche Augen und Wangen, wobei er sich selbst einige Male über das Gesicht wischt.) Geh, Modei — schau — kränk' Dich net. Was amal is, das is halt schon so — und da muß man sich drein schicken, wie der Fuchs in sein Loch.

Geh, sei stad — schau, so a Kerl, wie der, is ja gar net wert, daß so a brav's Madl um ihn weint.

Modei. Na, Friedl, na! Wegen dem wein' ich nimmer! Schon lang vor der Stund', wo ich eing'sehen hab', wie schlecht als er an mir g'handelt hat — schon lang vorher hat mein' Lieb' zu ihm kein rechten B'stand mehr g'habt; und wann's auch allweil noch nach Lieb' ausg'sehen hat, so war's bloß deswegen, weil ich kein' Augenblick vergessen hab', daß er der Vater von mei'm Kind is. Und wann ich jetzt noch wein' — (Fängt wieder zu schluchzen an.) — so is auch g'rad wegen mei'm Kind — wegen dem armen G'schöpferl —

Friedl. Aber so geh doch —

Modei. — das jetzt kein' Vater hat und kein' Heimat. Unser Herrgott soll mir die Sünd' verzeihen — aber wann ich mir hätt' denken müssen, daß alles amal so kommt, wär's besser g'wesen, ich wär' gleich am ersten Tag mit ihm z'tiefst ins Wasser g'sprungen.

Friedl (energisch). Hörst net auf und versündig' Dich so gegen Gott und gegen Dich selber! So a liebs Kind is auch a Gottesgab', wo gar mancher andre froh wär', wann er's krieget.

Modei. Das schon — aber —

Friedl. Aber — aber — was aber? Da gibt's kein Aber net. Ich bin gar net b'sorgt drum, daß Dein Kind kein' Heimat findt. Bist ja a Deandl, jung, sauber, fleißig und wirtschäftlich — wirst schon an zweiten Schatz finden!

Modei. — — An zweiten Schatz —

Friedl (verlegen). No ja — ich mein' halt.

(P a u s e.)

Modei (plötzlich). Du, Friedl — wie war's denn Dir z'Mut, wo Dir b' Stasi g'sagt hat, daß s' nix mehr mit Dir haben will?

Friedl. Schlecht, sag' ich Dir — o jeh! Aber das weiß ich jetzt g'wiß — es war auch net 's Rechte mit der Lieb' — so a halbete G'schicht'. Mein — mit so einer reichen Bauerntochter hast halt Dein G'frett, wann halbwegs an armer Teufel bist.

Modei. Ja sag' mir nur, wie is denn b' Stasi eigentlich g'rad auf Dich verfallen?

Friedl. No mein — g'rad 'rum von ihrem Hof steht mein Häusl, und da hat s' mich halt allweil so g'sehen. A Unterhaltung hat s' dengerst auch haben wollen — und nachher — a sauberer Bursch, mein' ich, bin ich halt doch auch.

Modei (verwundert). Du! (Langsam steht sie auf, während sie Friedl von Kopf bis zu Fuß betrachtet; verlegen.) Is schon wahr auch — schau — das hab' ich jetzt noch nie net g'merkt! (Sie packt ihr Nähzeug zusammen und geht auf die Hütte zu.)

Friedl. Ja wohin denn auf amal?

Modei. Mein' Nahterei heb' ich auf; es wird ja doch schon z'dunkel.

Friedl. So? — Ja, ja!

Modei (geht in die Hütte; an der Thüre wendet sie den Kopf nach Friedl, springt aber dann rasch hinein, wie dieser im gleichen Augenblick ebenfalls den Kopf nach ihr dreht).

Achter Auftritt.

Die Vorigen, Lenzl, Punkl, Hies.

Lenzl (kommt hinter einem Gebüsche im Hintergrunde zum Vorschein). Pst! Friedl!

Friedl (springt auf).

Lenzl. Kurasch, sag' ich Dir, Kurasch! Schenier' Dich net — sag's g'rad 'raus!

Friedl. Kurasch! Ja — Du hast gut reden! A dutzend Teufel wann's zum niederschlagen gäb', da hätt' ich Kurasch g'nug; aber da —

Modei (erscheint mit einer Zither unter der Thüre).

Lenzl (versteckt sich hastig).

Modei (setzt sich auf die oberste Steinstufe und legt die Zither auf den Schoß).

Friedl. So is recht, spiel' a weng; das macht gleich an anders G'müt. (Stellt sich in die Ecke zwischen Aufgang und Terrasse und lehnt sich mit den beiden Armen auf die oberste Stufe.)

Modei (einen Ländler spielend). Es is auch wahr. Wann so spielen kannst, da is Dir's g'rad, als ob Dir a unsichtbare Hand allen Prast und alle Sorg' vom Herzen nähm'. Mit jedem Takt wird's ei'm leichter — Du spielst Dir ferm alles weg von der Seel' — — (Man hört aus der Tiefe des Hintergrundes Stimmen sich nähern.)

Friedl. Wer kommt denn heut' noch da 'rauf?

Modei (hört zu spielen auf).

Friedl. Das is ja gar der Hies — der Stimm' nach!

Hies (mit Punkl auftretend). — — das glaub' ich Dir gern; denn weißt, einer is halt net wie der ander'. (Friedl erblickend). Da is er ja! Grüß' Dich Gott! Du unterhaltst Dich wohl net schlecht, wie's scheint?

Friedl. Da hast recht.

Hies. No ja, bei so einer Sennerin wär's auch kein Wunder.

Modei. Geh, bleib' daheim mit Deine Komplimenten.

Friedl. Wie kommst denn Du übrigens heut' noch daher?

Hies. Unten am Steig nach'm Birschhäusl, da hab' ich die Punkl 'troffen, und die hat mir so lang zug'redt, bis ich noch an Sprung 'rauf g'macht hab'.

Punkl. Was hast g'sagt?

Hies (ihr ins Ohr rufend). Daß ich an Deiner Hütten ohne Einkehren net vorbei komm', weil mir Du halt gar so viel gut g'fallst!

Punkl (verschämt). Geh weiter, Du meinst es ja doch net ernst. D' Jager — ich weiß schon — das sind rechte Schlankl.

Friedl. Oho! Gelt, fang' fein mit uns nix an!

Punkl. Was hast g'sagt?

Hies. Ja, da ziehst den Kürzern.

Punkl (sich rasch umwendend, wie sie sich überhaupt nach jeder Rede zu Hies oder Friedl kehrt, zwischen denen sie steht). Was hast g'sagt?

Hies. Daß mir vor lauter Lieb' zu Dir der Magen schreit!

Punkl. Was sagen d'Leut'?

Friedl. Sie sagen, Du gäbst ei'm Burschen, wann er zu Dir in d'Hütten kommt, nix z'essen.

Punkl. Was hast g'sagt? So! Das glaubst Du von mir! Bist Du vielleicht auch a solcher wie die andern? Schau, Friedl, von Dir hätt' ich das g'wiß net denkt. Aber weißt, wann schon der ein' oder der ander' so redt hinter mei'm Rucken, ich hab' deswegen doch meine Freund', wo zu mir halten. Aber mit dem guten Ruf is halt so a Sach'. Ja — (Fängt zu schluchzen an.) — kaum hast es g'sehen — is er schon beim Teufel auch. (Sie birgt das Gesicht in die Schürze.) Und ich hab' doch g'wiß kein Grund 'geben dazu.

Hies (zu Friedl). Kannst Dir Du jetzt denken, was die vorhin verstanden hat?

Friedl. Na!

Modei. Gehts, halts es doch net allweil zum besten.

Hies (lachend). Aber wir thun ihr ja gar nix. Wann zu der „Herrgott" sagst, versteht j' auch „Kindstauf'".

Punkl (schluchzend). Was hast g'sagt?

Hies (ihr ins Ohr rufend). Weißt — zum Friedl hab' ich g'sagt, daß wann er noch amal so von Dir redt, daß er's nachher mit mir z'thun hat.

Punkl (ihm dankbar die Hände schüttelnd). Du bist halt a redlicher Bursch. Jetzt kommst mit mir 'nauf in mein' Hütten, nachher back' ich Dir an Dopfenzwuller — recht schön gelb und rösch. Komm, geh weiter! (Friedl mit einem verächtlichen Blick streifend, steigt sie nach ihrer Hütte empor.)

Hies. Geh zu, Modei, vor ich fort muß, spiel' g'schwind ein' 'runter, an Landlerischen!

Modei (greift einen Akkord, begleitet den folgenden Vierzeiler und spielt dann weiter).

Hies (singt, mit den Fingern dazu schnalzend).

Am Berg steig' ich 'nauf und
Schau 'nunter ins Thal und
Da denk' ich, wie schön wär's
Im Wirtshaus da drunt'!
Juh!

(Den Hut schwenkend folgt er Punkt.)

Friedl (Hies nachrufend). Bist halt a Teufelskerl!

Modei. Ja — und die G'stanzln, die schüttelt er g'rad so 'raus aus'm Ärmel.

Hies (in der Höhe). Da hast recht. Paß' nur amal auf, an Deiner Hochzeit, da sing' ich, daß d'Wänd' einfallen. Und jetzt gut' Nacht!

Neunter Auftritt.

Friedl, Modei.

Modei (hört plötzlich zu spielen auf und legt sich mit den Armen über die Zither; bitter lächelnd). An meiner Hochzeit!

Friedl (während er sich auf die zweite Stufe setzt). No ja, Du wirst doch Deine Hochzeitsgäst' amal 's G'stanzlnsingen net verbieten?

Modei. Ich — und heiraten! Du mein Gott! Bei mir is ausg'heirat'.

Friedl. Ja warum denn?

Modei. Schau, Friedl — ich kann auf kein' Burschen so leicht kein' Glauben mehr haben. Und wenn auch — es gibt ja deswegen doch noch brave Mannsleut' — aber schau — nach dem, was mir passiert is, wer möcht' denn da mich noch zu sei'm Weib haben? G'wiß keiner!

Friedl. Meinst? — — Siehst, ich nähm' Dich gleich!

Modei (auffahrend). Du! (Lacht gezwungen.)

Friedl. Was is jetzt da zum lachen? Wann wir zwei uns heiraten möchten, das wär' erst net amal so dumm — han?

Modei (blickt einige Augenblicke regungslos vor sich hin; dann schüttelt sie hastig den Kopf und beginnt wieder zu spielen).

Friedl. Hat Dir jetzt mein' Frag' d' Red' verschlagen? Geh, Modei, so sag' doch!

Modei (spielt, ohne aufzublicken weiter).

Friedl. Wie a Prinzessin wirst es freilich net haben bei mir, — aber schlecht auch net. Mein Häusl hat Platz für uns alle. Mit die paar hundert Mark, die mein Mutterl und ich erspart haben, legen wir uns noch a zweits Stückl Vieh zu, und später noch eins. An schönen G'halt hab' ich auch — 45 Mark alle Monat, dazu a guts Schußgeld, das sich halt doch allweil z'samm'zählt. Schau, Modei, da kannst nachher umanander wursteln in Dei'm Häusl, schön stad den ganzen Tag; Dein Büberl hast bei Dir und kannst es selber aufziehen, daß amal a braver Bursch draus wird —

Modei (hört zu spielen auf und hält sich mit beiden Händen die Ohren zu).

Friedl. — und mir an ehrlichs und a fleißigs Weib sein, das is ja doch noch lang net am schwersten. Gut und freundlich zu mir warst ja von eh' — und schau, so 'was thut halt ei'm Menschen wohl, wann er a G'müt hat. Und wann ich mir jetzt so denk', daß ich abends vom Berg heim komm', und Du stehst unter der Hausthür' und lachst mir entgegen — beim Essen nachher, das Du mir 'kocht hast, erzähl' ich Dir alles — und gar am Sonntag, wann wir nach der Kirch' im Gartl draußen bei'nander sitzen, schön z'frieden und glückselig —

Modei (unter Thränen). Hör' auf, Friedl, hör' auf — und mach' mir 's Na=sagen net gar so schwer!

Friedl (faßt ihre Hand). Geh weiter! Na sagen! Was fallt Dir denn ein!

Modei. Und doch kann's net anders sein! Du verdienst a bravs Madl mit ei'm guten Ruf — und net so eine, wie ich bin!

Friedl. Jetzt bist aber gleich stad! Ich kenn' Dich besser als all die andern — und wie ich Dich kenn', weiß ich, daß wir zwei z'samm'passen, wie für anander g'schaffen. Unsere ersten Liebsg'schichten haben mit Sorg' und Leid g'rad unsere Herzen g'fest', damit das richtige Glück recht sicher drin sitzen kann.

Modei (schüttelt den Kopf). Du schaust jetzt alles mit schöne Augen an, weil halt a guter Kerl bist — und vielleicht a bißl verliebt. Aber schau — der Eh'stand bringt Sorgen, und Sorgen verdrießen den Sinn. Und da könnt's Dir gar leicht passieren, daß Dir amal in einer unguten Stund' a harbs Wort von der Zung' käm' — a Vorwurf wegen dem, was früher g'schehen is — und so a Wort — wann's von mir auch wohl verdient is — das machet an Riß zwischen uns, in dem 's ganze Glück verfallet.

Friedl. Ah na — da wirst g'wiß nie 'was hören von mir. Ich hab' ja das Büberl so lieb, als ob's mein eigens wär'. Schau — ich kann mir ja leicht denken, wie's g'schehen is. Schlecht bist Du niemals g'wesen — aber der Mensch is halt amal kein Heiliger net. Und so a schwache Stund' hat Teufelsmacht. (Er steht auf und streckt Modei die Hand entgegen.) Schlag' ein, Modei!

Modei (steht auf). Na, Friedl! Ich will Dich um Dein Glück net betrügen — und daß ich Dich g'rad als a Versorgung betracht', da bist mir doch z'gut dazu. — Reden wir nix mehr davon.

Friedl. Jetzt bin ich schön abg'fahren! (Er nimmt sein Gewehr um.)

Modei. Bist mir bös?

Friedl. Ja!

Modei (herzlich). Geh!

Friedl (sich rasch gegen Modei wendend, die über die Stufen herabgestiegen ist). Unter einer Bedingung bin ich Dir wieder gut. Wann mir a Bitt' erfüllst. Versprichst mir's?

Modei (ihm die Hand reichend). Außer dem andern — alles, was D' willst.

Friedl. Gib Dein Büberl meiner Mutter ins Haus.

Modei (nach kurzem Zögern; herzlich). Ja!

Friedl. Juh! Halb g'hörst schon mein — denn wo 's Kind is, muß b' Mutter nach. Jetzt will ich's halt derweil recht schön grüßen von Dir — und — wie wär's denn — wann — wann mir a Bußl dafür mitgeben thätst.

Modei. Na, Friedl — wer schon an Schwips hat, dem darf man nix mehr zum trinken geben. Aber jetzt mach', daß heim kommst — (Sie schiebt ihn gegen den Hintergrund.) — sonst kommst z'arg in b' Nacht 'nein. Es is ja schon ganz dunkel — und schau, da kommt der Mond schon 'rauf. Gut' Nacht!

Friedl. Gut' Nacht! Modei, gut' Nacht! (Ab.)

Modei (eilt Friedl, da er verschwunden ist, hastig ein paar Schritte nach). Frie— (Sie unterbricht sich kopfschüttelnd.) Ah na! (Leise setzt das Vorspiel des folgenden Liedes ein. Modei schreitet den Stufen zu und lehnt sich aufhorchend an das Geländer.)

Friedl (unsichtbar, singt).

    Mein Modei, mein Deanerl,
    Du herzlieber Schatz,
    Geh, wär' in Deim Herzerl
    Für mich denn kein Platz?
    Das wär' halt mein Trachten,
    Das wär' halt mein Ziel —
    Ich wär' ja leicht z'frieden,
    Ich brauchet net viel.

A bißl a Freud'
Und a bißl a Leid,
Das schmuggelt sich z'samm'
Und das macht sich net breit.
Drum thu's überlegen
Und geh mit Dir z' Rat. —
Und meinst, es könnt' sein,
Nachher sagst mir's recht stad!

(Jodler, der allmählich verklingt, während Friedl sich entfernt.)

(Langsam fällt der Vorhang.)

III. Aufzug.

(Dekoration des zweiten Aufzuges. Zeit: am hohen Nachmittage.)

~~~~~~

Erster Auftritt.

Modei, Lenzl.

Modei (stellt Kaffeetassen zurecht auf einem gedeckten Tische, der vor der Bank rechts im Vordergrunde steht).

Lenzl (steigt mit zwei Stühlen am Kopfe von Punkls Hütte auf die Bühne). Da hab' ich jetzt zwei Stühl' auf'trieben. Einer wackelt zwar a bißl. No mein — wer drauf sitzt, muß halt obacht geben, daß er net bricht.

Modei. So stell f' nur daher — ein' rechts und ein' links.

Lenzl. Aber schön richtest alles her. Da werden Dir die Madln a Freud' haben.

Modei. Geh, thu' in das Glas da a Wasser. (Geht nach der Hütte.)

Lenzl (nimmt das Glas vom Tische und geht zum Brunnen). Zu was denn?

Modei (im Hineingehen). Den Buschen will ich 'nein=

stellen, den mir heut früh 'bracht hast. (Kommt mit einem Strauß von Alpenblumen aus der Hütte.) Schau nur her, so schön frisch is er noch!

Lenzl. Das glaub' ich schon. Ich hab' aber auch lauter halb auf'blühte Blümeln dazu g'nommen. Da! (Reicht ihr das Glas mit Wasser.)

Modei (stellt das Glas mit dem Strauß auf den Tisch). So — das macht den Tisch gleich freundlicher.

Lenzl. Wer kommt denn alles?

Modei. 's Langfranzen Binl von der Lerchkoglalm hat mir's versprochen, und d'Natterer-Philomen von der Königsalm.

Lenzl. Und von die Burschen?

Modei. No mein — die Buaben von die zwei werden halt kommen.

Lenzl. Sonst niemand?

Modei. Ich wüßt' net.

Lenzl. Kommt der Friedl?

Modei. Na!

Lenzl. Ja, Du — daß ich's net vergiß! Was hast denn Du heut' Nacht 'träumt?

Modei. Ich? Nix! Warum?

Lenzl. Weißt — ich hab' Dich halt allweil reden hören mit Dir selber im Schlaf — von ei'm klein' Häusl — ja — und von ei'm Sonntag, wo d'Sonn' scheint — und von ei'm Garten — und nachher —

Modei (haftig). A mein — weiß Gott, was mir da Dumms durch'n Kopf 'gangen is.

Lenzl. Warum bist denn auf amal so feuerrot im ganzen G'sicht, bis in Hals 'nein?

Modei (sich rasch abwendend). Das kommt halt von der Hitz', weißt. (Man hört einen Juhschrei, dann näher kommendes Plaudern und Lachen.) Jesses, da kommen s' schon! (Sie eilt nach dem Hintergrunde.) Grüß' Gott mit anander! Grüß' Gott! (Der Gruß wird aus der Tiefe erwidert.) A halbe Stund' lang wart' ich schon allweil und hab' allweil g'meint, Ihr sollts schon da sein. Der Kaffee steht schon lang am Feuer, und b'Schucksen werden schon wieder warm.

Zweiter Auftritt.

Die Vorigen. Binl, Philomen, Gori und Hans treten auf.

Gori. Mir is auch warm 'worden.

Binl. Bei der Hitz' is kein Wunder; da schmelzen ja b'Felsen. Wie geht's Dir denn, Modei?

Modei (während sie die Angekommenen durch Händeschütteln begrüßt). Gut! Gut!

Hans. Ja grüß' Dich Gott, Lenzl. Lang haben wir uns nimmer g'sehn.

Lenzl. Ja, ja! G'wachsen bist net während der Zeit; aber wilder bist 'worden.

Philomen. Jeh, da schau, wie b'Modei alles so schön herg'richt' hat!

Modei (lachend). No mein — wann solche Gäst' kommen, muß man doch alles aufbieten, was man kann.

Gori (zu Philomen, die sich an den Tisch gesetzt hat). Du mußt natürlich gleich wieder vorn' dran sitzen.

Binl. Ja — geh weiter, steh auf! Sitzen kannst nachher noch lang g'nug. Komm, z'erst machen wir der Punkl noch an B'such.

Hans. Und wir schauen uns derzeit 's Vieh a bißl an. Geh zu, Lenzl, führ' uns a weng 'rum. Was macht denn die krank' Scheckin?

Lenzl (während er mit Hans und Gori rechts vor der Hütte abgeht). Heut' hat s' an guten Tag'. Aber es is schon recht schlecht g'standen, so daß wir schon g'forchten haben — —

Modei (ruft den beiden Mädchen, die zu Punkls Hütte emporsteigen, nach). Gelt, nehmts nachher die Punkl gleich mit — und sie soll net drauf vergessen und ihr' Zither mitbringen.

Binl. Ja, ja — sagen will ich's schon, wann sie's nur hört. (Verschwindet mit Philomen in der Höhe.)

Dritter Auftritt.

Modei, Friedl.

Modei (singt mit halber Stimme, während sie mit der Schürze die Kaffeetassen auswischt).

A bißl a Freud'
Und a bißl a Leid,
Das schmuggelt sich z'samm'
Und das macht sich net breit.
Drum thu's überlegen
Und geh mit Dir z' Rat,
Und meinst es könnt' sein —

Friedl (ist inzwischen im Hintergrunde aufgetreten; er trägt etwas auf dem Arme, worüber seine Joppe gedeckt ist). Grüß' Dich Gott, Modei!

Modei (wendet sich mit einem leisen Aufschrei hastig gegen Friedl um). Du bist da!

Friedl. Ja, Modei — und schau nur g'rad her, was ich Dir mit'bracht hab'! (Er schlägt die Joppe zurück, unter welcher er Modeis Kind auf dem Arme hält.)

Modei. Franzerl! (Sie springt auf Friedl zu, reißt das Kind an ihre Brust und bedeckt sein Gesicht mit Küssen; in überströmender Freude:) Mein Franzerl! Mein Franzerl! (Unter Küssen.) Du mein liebs — liebs — liebs Kinderl Du!

Friedl. Geh, Modei, plag's jetzt net gar so arg! 'S Kind is müd und schläfrig!

Modei (der Hütte zugehend). Ja, Herzerl — ja! Schau, jetzt mach' ich Dir a recht schöns Betterl — und da kannst nachher schlafen — (Geht in die Hütte.) — und wann nachher aufwachst, da setzen wir uns z'samm' — und da sing' ich Dir recht schöne Liedln —

Friedl (ist Modei gefolgt, legt das Gewehr ab und bleibt an die Thüre gelehnt stehen). Es hat am Weg schon a bißl g'schlafen, aber natürlich — wann ich auch noch so gut obacht 'geben hab' — beim Steigen hat's halt kein' rechte Ruh' g'habt, und da is nachher allweil wieder aufg'wacht. Deswegen is halt a bißl grantig 'worden — und drunt' beim Kreuz hat's zum weinen ang'fangt. Da hab' ich mich nachher mit ihm in Schatten g'setzt und hab' ihm Blümeln 'bracht — weißt — und an Kuckuck hab' ich nachg'macht und andere Vögel — ich sag' Dir, da war's nachher gleich wieder stad! A solche Freud' hat's g'habt, daß g'rad g'lacht und g'schrien hat — und in b' Haar' hat's mir 'griffen mit die klein' Handln und hat mich 'zogen und g'schüttelt — und nachher hat's wieder seine Armerln um mein' Hals g'schlagen und hat allweil g'schrien: Atte — Atte!

Modei (in der Hütte). Net so laut, es schlaft schon ein!

Friedl (mit gedämpfter Stimme). Du! Und die Freud', die mein Mutterl g'habt hat, wie ich gestern auf b' Nacht heim'kommen bin und hab' ihr alles erzählt! Weißt, sie hat schon g'schlafen; aber ich hab s' g'weckt — und denk' Dir nur g'rad — kein' Ruh' hat's ihr mehr g'lassen — in der Nacht hat s' noch hinmüssen zu dene Leut' und hat 's Büberl noch g'holt. Und heut' in der Fruh hat s' g'stritten mit mir, denn weißt, sie hätt's gleich am liebsten kein' Minuten mehr herg'lassen.

Modei (leise aus der Hütte tretend). Jetzt wird s' mir's aber doch a paar Tag' lassen?

Friedl. Ah na, Modei! (Steigt auf die Bühne; Modei folgt ihm). Weißt, am Tag thut's es schon da heroben, aber bei der Nacht is halt b' Luft a bißl z'scharf für so a kleins Dingerl. Jetzt is drei — bis um fünf Uhr muß ich wieder fort; da komm' ich nachher g'rad noch vor'm Schatten 'nunter.

Modei. Geh — jetzt hab' ich mich schon so g'freut.

Friedl (streichelt ihr die Haare). Sei g'scheid, Modei, sei g'scheid!

Modei (plötzlich Friedls Hand fassend). Friedl — schau — in meiner Herzensfreud' hab' ich ganz drauf vergessen, Dir z'danken —

Friedl. Aber so hör' doch auf!

Modei. A solche Plag' hast Dir aufg'laden — den weiten Weg — und so a Kind hat halt doch auch a G'wicht.

Friedl (lachend). Ja — der Arm is mir schon a paarmal eing'schlafen. Wann ich aber nachher an die Freud' 'denkt hab', die Du haben wirst, nachher is mir gleich wieder alle Müdigkeit vergangen.

Modei. Schau, Friedl — ich kann net anders — ich muß Dir a Busserl geben! (Küßt ihn.)

Friedl (hält Modei an sich gedrückt). No also — siehst es — gut bist mir von eh' — jetzt brauchst g'rad noch „Ja" sagen.

Modei (hält ihm den Mund zu). Geh — sei stad —

Vierter Auftritt.

Die Vorigen. Punkl, Binl, Philomen, später Lenzl, Hans, Gori, Monika und Perl.

Binl (welche mit Punkl und Philomen auf der Höhe erscheint und auf die Bühne herabsteigt). Ja Modei, was thust denn Du dem Friedl?

Modei. Zug'halten hab' ich ihm, weil er Dir g'rad 'was nachg'sagt hat!

Binl. Ja wär' net übel! Was denn?

Modei. Daß den Hans halt gar so viel gern hast.

Binl. No, da hätt' er erst net amal g'logen.

Friedl (tritt auf Binl zu und reicht ihr die Hand). Das denk' ich mir halt auch. Wie geht's denn mit Euch zwei allweil?

Philomen. Wie magst denn fragen? Gras g'nug hat's heuer 'geben, 's Vieh is g'sund — kann's uns da schlecht gehn?

Punkl (welche eine Zither trägt). Was hast g'sagt?

Friedl (ihr ins Ohr sprechend). Sie hat g'sagt, ob Du vielleicht harb bist mit mir, weil schon so lang dastehst und mir net amal Grüß' Gott sagst.

Punkl. Jetzt weißt, so ganz gut sollt' ich Dir eigentlich net sein, von gestern her noch. Aber ich hab' halt a weichs G'müt — ja, is schon wahr — wie Butter. Und drum kann ich nie net lang bös sein — so ei'm saubern Burschen schon gar net.

Modei. Gehts, statt daß da so lang 'rum redts, setzts Euch an Tisch her. Ich bring' nachher gleich den Kaffee 'raus. Thu' Dein' Zithern her, ich stell f' derweil auf d'Grät 'nauf. (Sie geht auf die Hütte zu.) Du Friedl — geh, sei so gut und ruf' dem Lenzl; der is mit die Burschen hint' in der Stallhütten. (Ab in die Hütte.)

Punkl (welche mit Binl und Philomen auf den Tisch zugeht, wobei diese beiden auf der Bank Platz nehmen, während sie sich auf den Stuhl rechts vom Tische setzt). Ja, was ich sagen will — gestern auf d'Nacht vorm Schlafen, da is mir eing'fallen — und da hab' ich nachher so nachdenkt — weißt, diemal denk' ich halt so — Was hast g'sagt?

Philomen. Ich? Nix!

Friedl (ist rechts in die Kulisse gegangen und ruft). He! Lenzl!

Lenzl (weiter entfernt). Was is?

Friedl. Der Kaffee wird kalt! (Er tritt wieder auf.)

Binl (zu Punkl). Was hast denn vorhin sagen wollen?

Punkl. Ich? Hab' ich 'was sagen wollen? So? Schau, das hab' ich jetzt ganz vergessen.

Modei (tritt auf, zwei große Häfen mit Kaffee und Milch im Arm tragend). So! Am G'schirr müßts Euch net stoßen; auf der Alm is halt amal net anders. (Sie schänkt ein; zu Lenzl, der eben mit Gori und Hans auftritt.) Geh, Lenzl, hol' die Schüssel mit die Schucksen 'raus — und schau a bißl ins Kammerl 'nein, aber stad!

Lenzl (geht in die Hütte, wobei er im Vorübergehen Friedl begrüßt).

Gori. Da sitzt ja schon die ganze G'sellschaft bei'nander!

Modei. Suchts Euch halt auch a Platzl. Wißts was, setzts Euch dort auf d' Stiegen; da könnts nachher g'rad recht schön die Zithern aufs Knie nehmen.

Hans. Da muß natürlich schon wieder g'spielt sein.

Friedl. Jetzt das versteht sich doch von selber.

Lenzl (kommt aus der Hütte, eine große Schüssel mit Schucksen tragend). So — da könnts grad g'nug essen! (Zu Gori und Hans, die ihm Schucksen aus der Schüssel nehmen.) Könnts net warten, Ihr Freßsäck', bis b' Madln 'was haben? (Stellt die Schüssel auf den Tisch.) Ja Modei! Was hab' ich denn g'sehen! Na, is das an Überraschung —

Modei (flüsternd). Geh sei stad und sag' nix — sonst

rennt mir die ganze G'jellschaft 'nein und weckt mir
's Kind auf. (Laut.) Also greifts zu — denn allweil zu=
reden, das gibt's net bei mir! Wer trutzt bei der Schüssel,
kommt z'kurz mit'm Rüssel. — Geh zu, Lenzl, hol' die
ander' Zither 'raus.

Lenzl (ab in die Hütte).

Verl (tritt im Hintergrunde auf, mit der leeren Kraxe am Rücken, in angeheitertem Zustande).

Gori. Jeh — da schauts, was kommt denn da
für einer!

Friedl. Ja Verl, Du hast ja an Rausch?

Verl. Ah! (Er nimmt die Kraxe vom Rücken, setzt sich auf die unterste Stufe von Punkls Hüttenaufstieg und zündet sich seine Pfeife an).

Friedl. Du mußt aber schon a schöns Quantl auf=
g'laden haben, wann Du's net amal bis da 'rauf wieder
ausg'schwitzt hast.

Verl. Laß mir mein' Ruh!

Friedl. Wann ich von Dir nur amal an anders
Wörtl auch hören möcht'. Was denkst denn eigentlich
Du den ganzen Tag?

Verl. Nix!

Friedl. Aber a bißl 'was mußt doch denken.

Verl. Wann Du so dumm bist — ich net!

Lenzl (aus der Hütte tretend). So, da is die Zithern,
jetzt legts nur gleich los. (Gibt Hans die Zither; während Gori bereits diejenige Punkls ergriffen hat.)

Punkl. Ja wer fangt denn jetzt an?

Philomen (ihr ins Ohr rufend). Du — weil Du die
Schönste bist.

Punkl. Na — schön bin ich net!

Lenzl. Aber alt', mager und wild! Geh, Friedl, mach' Du den Anfang. Schöner kann's ja doch keiner als wie Du.

Friedl. So geh her, Modei, nachher sing' ich eins, recht a schöns, wie's bei uns der Brauch is. (Die Musik intoniert; Friedl faßt Modei bei der Hand und führt sie in die Mitte der Bühne.)

1.

Ich bin halt vom Gebirg
Und ich hab' a frisches Blut,
Und ich hab' a treues Herz,
Schöne Federn auf dem Hut.

(Bei schnellerem Tempo, wobei Friedl mit den Füßen den Takt tritt.)

Schöne Federn auf dem Hut
Stehn mir sakrisch gut,
Und a Schnurrbart dazua,
Bin a lustiger Bua!

(Jodler in vierstimmigem Chor; M o n i k a erscheint auf der Höhe, und während sie die führende Stimme des Jodlers singt, steigt sie auf die Bühne herab. F r i e d l und M o d e i tanzen während des Jodlers.)

2.

Der Sennrin, der thut's g'fall'n,
Wann so a Bua halt kimmt,
Der neue Liedln kann
Und schöne Sträußln bindt;

Der schön jodelt und schön singt
Und sein Hütl lustig schwingt,
Der schön jodelt und schön pfeift,
Und um d'Almen ummaschleift.
(Jodler.)

3.

Der Bua klopft leise an
Bei der Sennrin ihrer Thür',
Liebe Sennrin, geh, mach' auf
Und laß mich 'nein zu Dir.
Ja, ja, sagt gleich die Sennerin,
Geh nur 'rein, mein lieber Bua;
Wir kochen uns a Rahmsuppen
Und alles haben wir g'nua.
(Jodler.)

4.

Sie bleiben da beisamm'
In stiller Einsamkeit,
Bis fruh die Sonn' aufgeht,
Und bis der Kuckuck schreit.
Und wann der Kuckuck kuckezt hat,
Geht's wiederum vom Platz.
G'schwind noch a Busserl, oder zwei —
Und b'hüt' Dich Gott, mein Schatz!
(Jodler.)
(Allgemeiner Jubel. Plötzlich fällt in der Ferne ein Schuß mit lang nach=
hallendem Echo; alles schweigt.)

Friedl (springt über die Treppe hinauf und wirft hastig das Ge=
wehr um).

Modei (angstvoll). Friedl, was is?

Friedl (während er in voller Hast die Treppe wieder herunterspringt und über Punkls Aufstieg der Höhe zueilt). Ich muß fort! B'hüt' Dich Gott, b'hüt' Dich Gott!

Modei. Wohin, Friedl, wohin?

Friedl (hastig). Fort — fort — ich — muß — weißt — der Förstner wart' auf mich, und da wird er jetzt wohl g'schossen haben, weil ich so lang net komm'. (Ab in der Höhe.)

Fünfter Auftritt.

Die Vorigen, ohne Friedl.

Modei (steht regungslos und blickt Friedl nach).

Lenzl (drängt sich flüsternd an Modei). Das war net der Förstner, das war der Blasi. Ich kenn's am Krachen.

Modei (fährt erschreckt zusammen und sieht Lenzl starr ins Gesicht; dann schlägt sie hastig ein Kreuz und geht während des folgenden Gespräches in die Hütte).

Monika. Ja was is denn, was stehts denn da jetzt beisamm'? Wir können ohne den Friedl auch lustig sein.

Gori. Da hast recht. Nur von nix einschüchtern lassen! Geh zu, Hansl, spiel' auf! (Singt.)

  Und 'raus mit die G'stanzln,
  Daß g'rad a so kracht,
  Denn g'sungen wird jetzt
  Bis in b' sinkende Nacht.

  Am Berg is a Platzl,
  A Hütten steht drauf,

                Zu der Hütten, da steig' ich
                Halt gar so gern 'nauf.

Monika. Ich will Dir gut raten,
Steig' z' oft net am Berg,
Sonst rennst Dir noch b' Füß' ab
Und wirst noch a Zwerg.

Lenzl. Geh, laß Deine Rathschläg',
Sei net so vergrimmt,
Bist ja selber todfroh,
Wann a Bua zu Dir kimmt.

Monika. Im Thal liegt der Nebel,
Am Berg, da is klar —
Was der Lugenschüppel da singt,
Das is alles net wahr.

Lenzl. Sei froh, daß noch jung bist
Und sauber dazu,
Wann D' alt wirst wie b' Punkl
Da hast schon Dein' Ruh'.

Punkl. Mein Alter, das freut mich,
Das lob' ich Dir fein;
Jetzt druckt mir kein Bua doch
Die Fenster mehr ein.

Monika. Ich sag' Dir, daß D' allweil
A Hoffnung noch hast,
Schau, da drüben sitzt einer,
Der g'rad für Dich paßt. (Deutet auf Verl.)

Verl. Ich sing' so viel ungern,
Ich hör' lieber zu.
Drum sing', was Dich freut,
Aber mir laß mein' Ruh'.

Modei (tritt aus der Hütte). So hörts doch amal auf mit bene dummen G'stanzln! Machts ja an Spektakel als wie d' Sünder am jüngsten G'richt.

Monika. Oh — oh — oh — was is denn jetzt auf amal bei Dir für a Wetter 'brochen?

Gori. Jesses na, is das a fade Mucken! — Jetzt hab' ich g'meint, heut' wird's amal lustig, derzeit lauft der ein' davon, wie a Fuchs mit der Henn', und die ander' setzt auf amal an grantigen Kopf auf. Mich hast gleich wieder mit'm b'suchen.

Punkl. Was hast g'sagt?

Monika (lachend). Soll ich Dir's wieder sagen? Geh her! (Sie beugt sich über den Tisch zu Punkl und flüstert ihr etwas ins Ohr.)

Modei (ist an Lenzls Seite getreten; flüsternd). Lenzl — ich weiß net, wie's kommt, aber ich halt's schiergar nimmer aus vor lauter Angst.

Lenzl. Um wen? Um den ein' oder um den andern?

Modei. Geh weiter, mach' Du auch noch G'schichten! (Sie geht wieder in die Hütte.)

Punkl (entrüstet über Monikas Mittheilung). Ah, ah, ah! Aber wart' nur g'rad — dem will ich's jetzt amal sagen! (Die Arme in die Hüften gestemmt, geht sie auf Verl zu.) Was hast Du Dich unterstanden, über mich z'reden! Glaubst Du viel=

leicht, weil's vor a zwanzig Jahr' amal a Zeit 'geben hat, wo ich net ungern mit Dir diskriert hab', drum könntst mir jetzt Du mein' Freundschaft so vergelten!

Verl. Laß mir mein' Ruh'!

Punkl. O ja, ich red' schon zu! Glaubst vielleicht, ich schenier' mich vor Dir? Da bist gestimmt, das sag' ich Dir gleich. Für was hätt' mir denn unser Herrgott 's Reden 'geben, wann ich mich damit net vertheidigen thät' gegen solche nixnutzige Verläumdungen. Kannst Du vielleicht auf Dein' Ehr und G'wissen behaupten, daß ich mir Dir gegenüber je amal 'was vergeben hätt'?

Verl. Ah!

Punkl. Was hast g'sagt? Gelt, siehst es jetzt ein, was für a schwers Unrecht als mir zug'fügt hast. Aber damit net glaubst, ich hätt' a harts Herz, drum will ich Dir net bös sein — (Fängt zu schluchzen an.) — is ja doch — amal a Zeit g'wesen — wo wir zwei — anander schiergar gut 'worden wären und drum — drum — da hast mein' Hand! (Während sie sich mit der einen Hand die Thränen aus den Augen wischt, hält sie die andere Verl entgegen.)

Verl (steht auf und nimmt seine Kraxe). Laß mir mein' Ruh'! (Er steigt langsam nach der Höhe empor.)

Alle (lachen).

Punkl. Was habts jetzt da für a dumms Glachter? Wann der Verl sich net aussöhnen will, so is das nix als versteckte Lieb'! (Sie setzt sich wieder an den Tisch.)

Monika (zu Lenzl, der die ganze Zeit über forschend nach den links aufsteigenden Bergen emporgeblickt hat). Du Lenzl — was schaust denn allweil da in d' Höh'?

Lenzl (erschreckt). Ich — — ich schau — weißt — ich denk' mir halt, daß heut' noch a Wetter kommt.

Vinl. Was? A Wetter! Da machts nur gleich, daß wir heimkommen!

Monika. A woher doch! Wie kann denn heut a Wetter kommen! Schauts nur da 'nüber — (Rechts in die Koulisse deutend.) — die Zillerthaler Berg' sind ganz klar, und die verwunschene Alm schaut her, so weiß wie a Tischtuch.

Gori. Du — was is denn eigentlich das für a G'schicht' mit der verwunschenen Alm?

Lenzl. Ja weißt, das is a G'schicht, die hat sich schon vor tausend Jahr' zu'tragen. Da mußt die Punkl drum fragen, die war damals schon Sennerin.

Punkl. Was hast g'sagt?

Vinl (ihr ins Ohr rufend). Die G'schicht' von der verwunschenen Alm sollst uns verzählen.

Punkl. So setzts Euch z'samm' — denn das is gar a schöne G'schicht'.

Modei (tritt später aus der Hütte und setzt sich ebenfalls an den Tisch; doch merkt man ihr ständig die innere Unruhe an).

Punkl. Da müßts halt wissen, daß da drüben, wo jetzt der ewige Schnee liegt, vor so viel hundert Jahr' die schönsten Almen waren. G'rad fett und kugelrund is da 's Vieh 'worden — und hat nachher Milli 'geben — grausam viel. Auf der Alm haben in einer Hütten drei Sennbuaben g'haust. Einer davon war gottesfürchtig, aber die andern zwei waren rechte Sünder. Die zwei haben 's Dir arg 'trieben! Mit die Kasleib' haben s' d' Hütten 'pflastert vor Übermut — und mit Butterballen haben s' Kegel g'schoben. Wann aber an armer Jager oder sonst wer 'kommen is, der Hunger g'habt hat, nachher haben die zwei schlechten Kerl' Steiner ins Wasser g'legt und haben 's ihm 'geben. Weil weit und breit kein' andere Alm war, hätt' gar mancher elendig verhungern müssen, wann der Gottesfürchtige ihm net nachg'laufen wär' und hätt' ihm heimlich 'was zug'steckt.

Monika. Geh zu, Modei, paß doch auf!

Punkl. Amal, am Abend war's, is wieder einer zu der Hütten 'kommen, a langer, magrer Kerl, mit Augen wie feurige Kohlen und rabenschwarze Haar' — und hat 'was z'essen begehrt. Da haben ihm die zwei andern wieder Steiner und Wasser 'geben und haben ihn ausg'spott' und haben selber dabei 'gessen — ganze Trümmer Kas. Da hat auf amal der Magere zum Lachen ang'fangt — a so — (Versucht mit tieferer Stimme ein höhnisches Gelächter nachzuahmen.) — und hat nachher g'sagt: (Mit dumpfer Stimme.) Heut' auf b' Nacht
  Werds alle um'bracht.
  Zwei werden g'schunden grausi',
  Den Dritten wirf ich durch's Hütten=
     bach aussi!

Und fort war er!

Monika. Du — das war der Teufel!

Punkl. Der Gottesfürchtig' aber is ihm nach mit Kas und Butter; hat ihn aber nienderst net mehr g'funden. Wie 's nachher Nacht 'worden is, haben sich die drei neben anander in Kreister g'legt. Auf amal, wie's auf zwölfe 'gangen is, kommt a grausiger Sturm — da thut's an Krach — (Rechts in der Höhe, aber weit entfernt, fällt ein Schuß mit nachhallendem Echo.)

Alle Mädchen (schreien laut auf, dann tritt einen Augenblick lautlose Stille ein).

Lenzl. Jesses, Modei — was is Dir denn?

Modei. Mir is net gut!

Lenzl. Geh, Modei — geh her zum Brunnen! Nimm a frisch' Wasser. (Er führt die Wankende an den Brunnen.)

Modei (sich an Lenzls Arm anklammernd). Gelt — das war der Friedl — der g'schossen hat?

Lenzl. Na — es war der gleiche Hall, wie vom 'andern Schuß.

Modei. Du mein Gott! (Sie sinkt auf den Brunnenrand nieder, und Lenzl benetzt ihre Stirne mit Wasser.)

Monika. Ja was is denn?

Lenzl. Ah — nix — d' Modei is halt a bißl schreckhaft.

Gori. Ich sag's ja — mit dene Madln is a Kreuz. Geh zu, Punkl, verzähl' weiter!

Punkl. Wo war ich denn gleich — ja — also an Kracher hat's 'than — d' Hüttenthür' springt auf — und der schwarze Kerl kommt 'rein. Jetzt war er aber ganz rot vom Kopf bis zu die Füß.' — Da langt er 'nein in Kreister mit die zwei Händ' und packt den Gottes= fürchtigen und wirft ihn 'nauf in d' Höh' und 'naus durchs Hüttenbach. Der hat aber gar nix g'spürt davon — und ihm is g'wesen, als ob ihn unsichtbare Händ' tragen thäten. In die Lüft' aber hat's g'rad g'schneit, daß in der Nacht alles weiß war — und unter ihm hat er an Jammer und a G'schrei g'hört, daß ihn g'schaudert hat bis aufs Mark und daß ihm vor lauter Grausen drüber die B'sinnung g'schwunden is. Wie er wieder zu ihm selber 'kommen is, war's Tag, und er is mitten auf sei'm schönsten Almplatz im Gras g'legen, und um ihn 'rum is sein Vieh g'standen. Aber an dem Fleck, wo d' Hütten war und die Almplätz' von die andern zwei, da hast nix mehr g'sehen als lauter Schnee und lauter Schnee. Vor keiner Sonn' is der mehr g'schmolzen, kein' Lahn hat ihn g'nommen, mitten im Sommer liegt er da, wann rings umundum alles grün is und blüht — und heutigen Tags noch heißt der Platz die verwunschene Alm. (Eine lautlose Stille folgt.)

Monika (kleinlaut). Jetzt ich weiß g'wiß, daß ich kein' mehr an meiner Hütten vorbeilaß', ohne daß er bei mir 'gessen hat.

Binl. Geh weiter, Hans; machen wir uns auf den Heimweg. Mir is ganz dasig 'worden auf die G'schicht' 'nauf.

Philomen. Hast recht! (Tritt zu Modei.) Und wie is denn nachher jetzt mit Dir? Is Dir besser?

Modei (gedrückt). Ah ja! Wollts denn schon fort? Aber ich will Euch net aufhalten. Wir sehen uns ja bald wieder. Also b'hüt' Gott! (Sie bleibt am Brunnen sitzen.)

(Allgemeine Verabschiedung; **Gori, Hans, Binl, Philomen** steigen im Hintergrunde ab.)

Monika (die mit Punkl die Höhe links hinaufsteigt). Hättst die G'schicht' doch net verzählen sollen! Alle sind's jetzt ganz betrübt worden — und z'erst war's so lustig! (Sich umwendend.) Du, Modei, kommst heut' am Abend net a bißl 'rauf zu uns?

Lenzl. Na — sie is müd — sie soll sich bald schlafen legen.

Monika. Is auch recht! B'hüt' Dich Gott! (Ab.)

Sechster Auftritt.

Lenzl, Modei.

Modei. Unserm Herrgott sei Dank, daß wir allein sind! Lenzl, Lenzl — um Gotteswillen — wann ihm 'was passiert is!

Lenzl (lauernd). Ah na — brauchst kein' Sorg' z'haben — der Blasi is gar a Feiner, der laßt sich net so leicht 'was passieren.

Modei. Ich hab' ja net den — (Sie stockt und wendet das Gesicht beiseite; dann steht sie auf.) Komm, gehen wir 'nein in d'Hütten, da setzen wir uns nachher zum Franzerl ans Bett. (Geht der Hütte zu.)

Lenzl (folgt ihr). Der Friedl muß Dir aber schon recht gut sein, daß er das schwere Kind bis da 'rauf 'tragen hat — gar schon, weil er überhaupt dran 'denkt hat, was Dir das für a unbändige Freud' machet. (Man hört links in der Höhe das Geräusch abkollernder Steine.)

Modei (die gerade unter der Hüttenthüre steht, wendet sich hastig um). Was is denn?

Lenzl (steht ihr zur Seite vor der Thüre).

Siebenter Auftritt.

Die Vorigen. Blasi.

Blasi (fährt links im Vordergrunde über den Rutschweg herab; er ist ohne Hut, die Büchse in der Hand; Rock und Hemd zerrissen und beschmutzt; er stürzt auf die Treppe zu, atemlos und in wilder Aufregung). **Modei** — Du mußt mich verstecken — der Jager is hinter mir!

Modei (ist einer Ohnmacht nahe; mit dem Rücken lehnt sie an einem Thürpfosten, während sie sich links und rechts mit den Händen an Thüre und Wand stützt).

Lenzl (mit einem wildfreudigen Lachen). Haben f' Dich amal! So is recht, so is recht — so hat's kommen müssen!

Blasi. Mach' keine G'schichten — mit jeder Minuten is um mein Leben g'spielt. Ich hab' g'rad mehr a Schrötpatron, und eh' die hinreicht, hat er mich schon lang mit seiner Kugel derreicht. (Er springt die Treppe hinauf und verbirgt das Gewehr hinter dem Holze, das links vor der Thüre aufgebeugt ist.) Mach' weiter, versteck' mich!

Modei (mit erstickter Stimme). Ich wüßt' net wo!

Blasi. In Dei'm Bett! (Er will in die Hütte.)

Lenzl (springt auf die Schwelle). Net so g'schwind! So lang ich noch da bin, kommst Du net —

Blasi. Du wirst mich hindern! (Er packt Lenzl am Genick, hält ihm mit der andern Hand den Mund zu und schleift ihn in die Hütte, wobei Lenzls dumpfe Schreie allmählich ersticken.)

Modei (will den beiden nach; plötzlich kehrt sie um, reißt das Gewehr aus dem Verstecke, nimmt die Patrone heraus, die sie in die Tiefe des Hintergrundes schleudert, und stößt das Gewehr wieder hinter das Holz; dann bleibt sie an die Wand gelehnt stehen).

Achter Auftritt.

Modei, Friedl.

Friedl (steigt links von Punkls Hütte auf die Bühne herab). Modei — hast Du wen g'sehen?

Modei (regungslos). — — Na!

Friedl (geht auf den Brunnen zu und wäscht sich Wangen und Hals mit Wasser).

Modei (eilt über die Treppe herab). Friedl, was is Dir?

Friedl. Nix! — A bißl g'schossen hat halt einer auf mich — mit Schröt — und da hat's mich halt von der Seiten a weng derwischt — am Hals und am Backen.

Modei. Heilige Muttergottes —

Friedl. Hab' kein' Angst — es macht nix! Aber ich muß wieder fort —

Modei (Friedls Arm fassend). Hast Du g'sehen — wer's — g'wesen is?

Friedl. — Ja, schon — — aber Du kennst ihn ja doch net! (Wendet sich nach dem Hintergrunde.) Wann ich bis in einer Stund' net da bin, nachher muß halt der Lenzl 's Franzerl 'nuntertragen — über Nacht darf's net heroben bleiben — könnt' sich verkälten! B'hüt' Gott derweil! (Geht nach dem Abstieg.)

Neunter Auftritt.

Die Vorigen. Blasi, Lenzl.

Blasi (springt aus der Hütte, reißt das Gewehr hervor, und auf dem obersten Treppenabsatze stehend legt er auf Friedl an).

Lenzl (unter der Hüttenthüre). Friedl! Dreh' Dich um! (Im gleichen Augenblicke hört man den Hahn von Blasis Gewehr schnappen.)

Friedl (hat sich umgewandt und das Gewehr an die Backe gerissen).

Modei (stößt einen Schrei aus und bedeckt das Gesicht mit den Händen.)

Blasi (ist über die Treppe hinab auf Modei zugesprungen). Jetzt bin ich hin! (Er bricht an Modeis Seite in die Kniee.)

Friedl (läßt das Gewehr sinken). Ah so —— Geh, Modei, mußt Dich net fürchten — so a harts Herz hab' ich doch net, daß ich Dei'm Schatz an Deiner Seiten 'was an=haben möcht'? (Schnalzt mit den Fingern und schlägt sich an die Stirne.) Dummer Teufel! (Geht auf die Hütte zu.) Aber was ich her='tragen hab', werd' ich wohl wieder fort tragen dürfen — gelt, Modei — 's Büberl könnt' sich ja sonst ver=kälten!

Lenzl (zu Friedl, der an ihm vorüber in die Hütte geht). Friedl — sei net so dumm — pack' ihn z'samm'!

Modei (zu Blasi). Geh, sag' ich Dir — geh —

Blasi (springt rechts in die Koulisse).

Friedl (tritt, mit dem Kinde auf dem Arme, aus der Hütte). Ah ja — er is schon fort — ich hätt' ihm gern a Patron' g'schenkt. Da hätt' er sich mit mir auch gleich die leidig' Sorg' vom Hals g'schafft, die ihm bald auf zwei Füß' in der Welt nachlaufen wird. Jetzt b'hüt' Dich Gott, Modei — und sei net harb, daß ich so ung'legen hab' kommen müssen. Von jetzt an haft a Ruh' vor mir! (Geht nach dem Hintergrunde.)

Modei. Und heut' in der Nacht hab' ich noch 'träumt von Glück und schöne Zeiten! (Unter lautem Schluchzen sinkt sie auf die Treppe nieder.)

Lenzl (setzt sich zu ihr und richtet ihren Kopf in die Höhe). Geh Modei — mußt net weinen. Der kommt schon wieder! Und denselbigen holt der Teufel schon zur richtigen Stund' — wie er den andern g'holt hat — mitten im Tanz — da haben f' g'sungen und g'juchezt — und an süßen Wein haben f' 'trunken — auf amal aber hat's kracht — und alle hat's derschlagen — den Grubertoni — und 's Lisei auch — (Er legt seinen Kopf an Modeis Wange.) — und 's Lisei auch!

(Der Vorhang fällt.)

IV. Aufzug.

Dekoration wie im zweiten Aufzug. Zeit: gegen Abend.

Erster Auftritt.

Niedermayr, Modei, Punkl.

Niedermayr (den man schon brummen und schnaufen hört, bevor er auftritt, erscheint am Aufstiege des Hintergrundes; er trägt die Uniform der Grenzsoldaten, Rock und Weste aufgeknüpft, über die Schulter hängt ihm der Karabiner; in der einen Hand trägt er den Bergstock, an dessen oberem Ende die Mütze hängt, mit der andern Hand trocknet er sich den Schweiß von Gesicht und Glatze; eine kleine, dicke Figur, mit lebhaften Bewegungen). Teufel, Teufel, Teufel — is das a Hitz' — is das a Hitz' — und schnaufen, schnaufen, g'rad schnaufen! (Kehrt sich um und schaut in die Tiefe.) Verfluchte Berg', verfluchte Berg'! (Geht nach vorne.) Jetzt wär' halt a Maßl fein, a Maßl, a Maßl. (Schaut sich um.) He da! He da! Was is denn! Was is denn!

Modei (tritt unter die Thüre). Grüß' Gott, Herr! Was schaffen S'?

Niedermayr. Aufschreiben! Aufschreiben! (Zieht ein Notizbuch hervor.) Saubers Madl! Saubers Madl! Wie heißt denn Du?

Modei (die auf die Bühne herabgestiegen ist). Modei Moar!

Niedermayr. Wie schreibt man denn das?

Modei. M—a—r—i—e— Modei M—a—ypsilon—r — Moar!

Niedermayr. Also was hast für Vieh? Z'erst bayrisch', bayrisch'.

Modei. Vom Brennhofbauern in Lengries hab' ich vierzehn Stück' Vieh, zwölf Schaf' und an Gaisbock.

Niedermayr (schreibend). Schaf', Schaf' — Bock — hab' schon! Jetzt red', jetzt red' — was hast für Tiroler?

Modei. Ein' Stier und acht Küh' — vom Seebauern im Achenthal.

Niedermayr. So, so, so, so! (Steckt das Taschenbuch ein.) Malefiz Arbeit! Ich sag' Dir's Deandl, ich sag' Dir's, b' Welt wär' so schön, wann b' Arbeit net wär', b' Arbeit, b' Arbeit. (Er setzt sich auf die Bank.)

Modei. No mein — nach jeder Arbeit kommt a Ruh'. Sind Sie von der Station drunten — han? Sie müssen aber noch net lang da sein, weil ich Ihnen noch nie g'sehen hab'.

Niedermayr. Vier Wochen erst, vier Wochen. Weißt, z'erst bin ich in München g'wesen, in München, in München, im Hauptzollamt. Aber da hat mir halt 's Bier so gut g'schmeckt, weißt, 's Bier, 's Bier. Drum haben s' mich jetzt da 'raus versetzt — ja, versetzt, versetzt!

Modei. Und g'fallt's Ihnen da bei uns?

Niedermayr. O jeh, o jeh, o jeh! Da heraußen

— da sagen sich ja die Katzen gut' Nacht. Und die Berg'! O mein Deandl — die Berg', die Berg', die Berg'! Schau mich an! Bin ich zum Bergsteigen g'wach=sen. Schau mich an, schau mich an!

Modei. Trösten S' Ihnen, Herr; mit der Zeit werden S' es schon g'wohnt. Schauen S', man g'wöhnt sich an alles. Was gibt's denn Neus im Thal drunten?

Niedermayr. 's Bier is schlecht, arg schlecht, arg schlecht. Sonst weiß ich net viel Wichtigs. Ja — einer von die Jagdg'hilfen is krank seit vierzehn Tag' — der Friedl, der Friedl — kennst ihn — der Friedl!

Modei. Aber — was is denn mit ihm — ich bitt' Ihnen um Gottswillen!

Niedermayr. O mein Gott, o mein Gott — das is a ganz b'sondere G'schicht', a b'sondere G'schicht'. Weißt, der war vor acht Tag' auf der Alm droben, auf der Alm, und da hat er a Kind 'runter'tragen, a Kind, a kleins Kind. Wie er nachher drunten am Dürrachsteg bei dem klein' Wandl vorbei will, bei dem Wandl — da rasselt's auf amal in der Höh' — und a Mords=trumm Stein kugelt 'runter, a Stein, a Stein.

Modei. Heilige Maria!

Niedermayr. G'rad kann der Friedl noch einhalten im Schritt, sonst hätt's ihn maustot derschlagen, maus=tot, maustot. So aber hat's ihm g'rad noch den ein' Fuß derwischt, den Fuß, den Fuß, und da hat's ihm die Zehen ganz verdruckt, ganz verdruckt.

Modei. Aber 's Kind! 's Kind!

Niedermahr. Dem is gar nix g'schehen, gar nix, gar nix. Ja — und denk' Dir nur g'rad, Deandl, denk' Dir nur, denk' Dir nur — mit dem verquetschten Fuß is der Friedl noch bis 'nunter ins Thal, ins Thal. G'rad is er noch zur Förstnerin in d'Stuben 'nein'kommen, in d'Stuben, in d'Stuben, und g'rad hat er noch sagen können: „Förstnerin, nehmts mir das Kind ab" — nachher is er z'samm'brochen, mitten am Stubenboden. (Aufstehend.) Is das a G'schicht', is das a G'schicht'! Ja Deandl, was is Dir denn? Was is Dir denn? Jesses, jesses, jesses! Bist ja kasweiß, kasweiß!

Modei. Die G'schicht' — is mir — in alle Glieder g'fahren.

Niedermahr. Ja, ja, ja, ja! A G'schicht' wie d i e G'schicht', das is a G'schicht'! Aber jetzt muß ich fort in die andern Hütten. Aha — da droben! Also b'hüt' Dich Gott, Deandl, b'hüt' Dich Gott, b'hüt' Dich Gott!

Modei (setzt sich auf die Bank, die eine Hand im Schoße, die andere auf die Bank gestützt und den Kopf auf die Schulter gesenkt).

Niedermahr (steigt den Weg zu Punkls Hütte empor). Teufel, Teufel, Teufel — is denn mit'm Steigen noch net gar, noch net gar. Jesses, jesses, jesses, jesses! (Er ist oben angelangt.) He du! He du! Was is denn, was is denn? (Verschwindet in der Höhe.)

Punkl (unsichtbar). Ah, grüß' Gott, Herr Grenzer! Mit was kann ich aufwarten?

Niedermahr. Aufschreiben, aufschreiben!

Punkl. Ich bitt' schön, kommen S' nur g'rad 'rein in d'Hütten — (Die Stimmen werden in den letzten Sätzen allmählich unhörbar.)

Zweiter Auftritt.
Modei, Blasi.

Blasi (ist unhörbar aus der rechten Koulisse getreten und hat Modei einige Augenblicke lautlos betrachtet). Grüß' Dich Gott, Modei!

Modei (springt auf und richtet die starren Blicke auf Blasi). Du — bist da!

Blasi. Warum soll ich net da sein? (Er nähert sich Modei.) Is denn a Wunder, wann a Bursch in einer Sennhütten zukehrt, wo so a saubere Sennerin haust, die dazu noch sein Schatz is!

Modei (ruhig und kalt). Du mußt Dich wohl in der Gegend vergangen haben. Die Monika hat ihren Burschen, und die Punkl is mir doch wohl z'alt zu so 'was.

Blasi. Geh, red' net so balket! Zu Dir komm' ich, schöns Deandl, die alten Zeiten wieder a bißl auffrischen.

Modei. Alte Zeiten? Ich weiß wohl noch von alte Zeiten — aber mir, wann ich dran denk', steigt vor Scham 's Blut ins G'sicht. Im übrigen muß ich an mein' Arbeit. (Will auf die Hütte zugehen.)

Blasi. Oho — oho! (Er springt ihr in den Weg.)

Modei (hart). Was willst!

Blasi. No ja, es wird mir doch noch erlaubt sein, daß ich mein' Dank vorbring', weil mich gestern vor vierzehn Tag' so lieb in' Schutz g'nommen hast. (Höhnisch lachend.) Schau, das hat mich schon recht g'freut, daß mir Dein' Lieb' so schön und so treu bewiesen hast.

Modei. Gib mein' Weg frei! Wir zwei haben nix B'sonders mehr z'reden — und zu nixnutzigem G'schwatz hab' ich kein' Zeit net!

Blasi (Modei zurückdrängend). Ich schon — und Du nimm Dir j' halt nachher. Und nachher ja — nachher dank' ich Dir auch noch recht schön, daß mir hast helfen Patronen sparen. Aber schau, a guts Herz hast halt doch keins, daß dem Totengraber sein tägliche Brod verkürzen thust. Hat sich schon g'freut auf'n Friedl!

Modei. Zum letztenmal sag' ich Dir, gib mein' Weg frei — oder —

Blasi. Oder was! Ladst mich nachher vielleicht gar zu Deiner Hochzeit ein mit'm Friedl. Aber gelt, ich will Dir 'was raten — laß ihm nur gleich an eiserns G'wandl machen. Ich bin net allweil so kugelarm — und meiner Kugel springt er net so g'schwind aus'm Weg, als wie ei'm Stein.

Modei. Heiliger Gott! Du hast den Stein ins Rollen 'bracht! Und so an Menschen gibt's auf der Welt! (Schaudernd bedeckt sie das Gesicht mit den Händen.) Dein Kind, Blasi, Dein Kind hat er 'tragen!

Blasi. Zum lachen! Hab' ich's vielleicht protokolliert, daß ich der Vater bin!

Modei (aufschreiend). Blasi! — — (Tonlos und kalt.) Für mich warst schon lang tot und begraben. Aber mit dem Wort is auch mei'm Kind der Vater g'storben. Mir wird schlecht, wann ich Dich anschau. Geh, sag' ich Dir, geh!

Blasi. Ah na — jetzt bleib' ich erst recht! Denn schau — (Er faßt sie plötzlich am Arme.) — seit ich weiß, daß auch ei'm andern g'fallst, hab' ich erst wieder an Gusto 'kriegt auf Dich. (Er reißt sie an sich.)

Modei (schreiend, unter verzweifeltem Widerstande). Herrgott — im Himmel — hilf mir — hilf mir —

Blasi. Geh, schrei' net so! (Er drückt ihr mit der Hand den Mund zu und zieht sie mit sich gegen die Hüttenthüre.)

Dritter Auftritt.
Die Vorigen, Lenzl.

Lenzl (erscheint im Hintergrunde, in Hut und mit Bergstock, dessen Ende mit einem langen Eisenspitz beschlagen ist). Was is da!

Blasi (läßt Modei los).

Modei. Lenzl! (Sie stürzt Lenzl entgegen.)

Lenzl. Rühr' s' noch amal an mit einer Hand, und ich renn' Dir den Bergstock durch und durch!

Blasi. Jeh, da schau; der Lenzl als Hulaner mit'm Spieß! Is das g'spaßig! Oder bist am End' gar der Dümmst' von die sieben Schwaben? (Lacht.) No also, b'hüt' Gott für heut', Modei! Aber sorg' Dich net, ich komm' schon wieder amal, wann allein bist. (Steigt links im Vordergrunde rasch über die Felsen empor.)

Vierter Auftritt.
Modei, Lenzl.

Lenzl. Geh, komm her zur Bank. Zitterst ja an Händ' und Füß'. (Er führt Modei nach der Bank.) Schau, nimm Dir's net gar so arg z'Herzen! (Er richtet sich auf und erhebt drohend die Faust gegen die Richtung, in welcher Blasi abgegangen ist.) Lump, elendiger! Wann Du's noch lang treibst, gibt's ja doch kein' Gott im Himmel!

Modei (leise weinend). So schwer is noch kein' Sünd' g'straft worden, als die meinige. G'schieht mir aber recht! (Trocknet sich die Thränen.) Wo warst denn Du den ganzen Tag? In der Früh' um vier Uhr, wie ich aufg'standen bin, warst schon fort, und jetzt geht's auf'n Abend. Wo warst denn?

Lenzl (verlegen). No weißt, mich hat's halt nimmer g'litten, weil ich die ganze Zeit über Tag für Tag Dein traurigs G'sicht hab' ansehen müssen. Da hab' ich mir halt 'denkt — steigst amal an Tag' lang in die Berg' umanander.

Modei. Da hört sich alles auf! So verruckte Einfäll', wie Du hast — bei dem Haufen Arbeit, der daliegt! Jetzt bist nachher recht müd, gelt? Komm 'rein, kriegst was z'essen. (Sie steht auf und geht der Hütte zu; rechts in der Koulisse wird ein Geräusch hörbar.) Jesses, wer kommt!

Fünfter Auftritt.
Die Vorigen. Hies.

Hies (tritt aus der rechten Koulisse, wobei er aufmerksam die Erde betrachtet).

Lenzl. Was suchst denn da, han Hies? Was suchst denn?

Hies (aufblickend). Ich? — Nix! — — Weißt, an Hirsch hab' ich g'spürt — ja, an Hirsch — wird wohl heut' in der Nacht da vorbei g'wechselt sein.

Lenzl (geht auf Hies zu und faßt ihn am Arme; in sichtlicher Erregung). Ja, Hies — ja — ich hab' ihn auch schon g'sehen — z'nächst in der Nacht. A Staatskerl von ei'm Hirsch

— mit ei'm G'hörn, sag' ich Dir — a so! (Streckt beide Arme mit gespreizten Fingern in die Höhe.)

Hies (blickt Lenzl mißtrauisch an). Ah, geh weiter!

Lenzl (immer erregter; führt bei den folgenden Worten Hies quer über die Bühne nach den Felsen links im Vordergrunde). Ja — ganz g'wiß — und schau — da is er 'rumg'stiegen — Schritt für Schritt — und da, siehst, da is er nachher in b'Höh'.

Hies. An dene Felsen?

Lenzl. Ja — an dene Felsen!

Hies (blickt Lenzl forschend ins Gesicht und betrachtet dann aufmerksam den Felsenaufstieg).

Modei (mit stockender Stimme). Was redst denn da für an Unsinn? Du hast wohl 'träumt! Schlafst ja jede Nacht wie a Murmelthier. Sei g'scheid, Hies, und gib nix auf sein G'red'.

Hies (hastig). Schon recht, schon recht! — B'hüt' Dich Gott! (Er eilt nach Punkts Hüttenweg.)

Modei (macht einige Schritte auf ihn zu). Wo willst denn hin?

Hies (lachend). Dem Hirsch nachspüren!

Modei. Geh — bleib' noch a paar Minuten, ich bitt' Dich!

Hies. Was willst denn?

Modei. Schau — ich möcht' Dich g'rad fragen, ob Du — ob Du net 'was weißt vom Friedl.

Hies (nähert sich Modei ein paar Schritte). Ah so — ja, ja! Weißt, gestern hab' ich an Gamsbock g'schossen, und weil kein Holzknecht da war, drum hab' ich ihn selber 'nuntertragen müssen. No mein — da is der Friedl halt nachher drin g'sessen in sei'm Kammerl, mit sei'm verbundenen Fuß.

Modei. Gelt, er hat rechte Schmerzen?

Hies (lachend). Ja, da kommt's halt drauf an, wie viel als er verträgt; dem ein' thut a Muckenstich schon weh, der anber' g'spürt noch nix, wann ihm a Baum b'Haxen abschlagt.

Modei. Aber gelt, es geht doch hoffentlich schon wieder besser?

Hies. Ah ja — weißt, a Fuß, der jahraus jahrein d'Felsen tritt, der halt' schon 'was aus, wann so a Felsen amal den Stiel umkehrt. Gestern schon hat der Friedl ganz schön auf- und abgehn können. Ins Wirtshaus hat's ihn auch schon 'nüber 'tragen.

Modei. Gott sei Dank!

Hies. Aber weißt, am ärgsten plagen ihn halt die G'wissensbiß'.

Modei. Ja wie so denn?

Hies. No, wegen der G'schicht' von gestern vor vierzehn Tag' halt. Weißt — da is ihm jetzt sein Herz recht schwer — Mabl, dem hast bös mitg'spielt — no ja, und da hat er halt an Vertrauten g'sucht und mir die Sach' so halb und halb verzählt. Weißt, er bildt sich halt jetzt ein, er hätt' sich gegen sein' Dienst verfehlt, weil er den Blasi so frei hat laufen lassen.

Lenzl. So 'was Dumms war freilich noch net da!

Modei. Aber Du — gelt — Du hast ihm die Sorg' ausg'redt?

Hies (ausweichend). Ja schau — das is halt so a Sach'!

Lenzl (der die ganze Zeit über an den Felsen links im Vordergrunde gelehnt stand). Was hättst jetzt Du da g'macht?

Hies (lachend). Ich? — Ja da müßt' ich erst amal so a fünfzig Schritt vor den Blasi hinkommen; darnach könnt' ich Dir's ganz g'nau sagen. Aber jetzt muß ich fort. B'hüt' Euch Gott mitanander. (Steigt nach Puntls Hütte empor.)

Lenzl. B'hüt' Dich Gott!

Sechster Auftritt.

Modei. Lenzl.

Modei (blickt Hies nach, dann wendet sie langsam den Kopf, seufzt tief auf und schreitet der Hütte zu).

Lenzl. Gibt's noch an Arbeit?

Modei (bleibt auf der Treppe stehen). Mehr als g'nug. Aber heut' wirst nimmer viel anfangen wollen. Da drüben am Eck hab' ich vor einer halben Stund' d'Schaf' noch g'sehen. Schau amal 'nüber, ob's alle sind. (Ab in die Hütte.)

Lenzl (geht nach rechts auf die Koulisse zu). Das ging' mir g'rad noch ab, daß ich morgen wieder so ei'm Teufelsschaf nachsteigen dürft' in alle Wänd' und Latschen. (Ab.)

Siebenter Auftritt.

Friedl. Modei.

Friedl (tritt, nachdem die Bühne einige Augenblicke leer geblieben, im Hintergrunde auf; man sieht, daß ihm das Gehen schwere Mühe macht,

ohne daß er geradezu hinkt). Alles is ſtad! (Er geht einige Schritte nach vorn.) G'rad klopfen thut mir 's Herz, als ob a Hirſch mit vierundzwanzig End' auf halbe Schußläng' vor mir daſtünd'. (Er nähert ſich der Treppe.) Wann ich nur wenig=
ſtens den Lenzl ſehen möcht'! (Er ſteigt die erſten Stufen empor.)

Modei (tritt im gleichen Augenblicke aus der Hütte).

Friedl } (gleichzeitig). **Modei!**
Modei } **Friedl!**

(Pauſe, während welcher die beiden regungslos am Platze ſtehen.)

Friedl (zur Erde blickend). Grüß' Dich Gott! Wie geht's Dir denn? Aber was frag' ich denn noch lang. Die Krankheit muß net ſo g'fährlich g'weſen ſein, weil ſchon wieder auf die Füß' biſt.

Modei. Ja — wer is denn krank g'weſen?

Friedl. No ja — Du! Oder is am End' gar net wahr?

Modei. Schau — mit dem beſten Willen — ich weiß nix davon.

Friedl. Ah ſo — da bin ich halt nachher wieder amal g'foppt worden — und kann wieder umkehren. (Steigt die Treppe hinab.) Mußt aber ſchon erlauben, daß ich z'erſt noch a bißl raſt'. (Setzt ſich auf die Bank und legt Gewehr und Bergſtock neben ſich.)

Modei (auf die halbe Treppe herabſteigend). Ja wie ſo denn g'foppt?

Friedl (mißtrauiſch). So — Du weißt gar nix? Heut' z'Mittag halt, da is der alte Kopp, der drüben im Hearberg a Holzarbeit hat, zu mir 'kommen und hat mir ausg'richt', daß mich der Lenzl heut' Fruh' drüben g'sucht hätt'. Und weil er selber g'rad 'runter is ins Ort, so hat ihm der Lenzl auf'tragen, wann er zu mir käm', nachher sollt' er mir ausrichten, daß Du so g'fährlich krank wärst, und daß mir halt gar so 'was Wichtigs zum sagen hättst. Und so bin ich halt heut' da 'rauf.

Modei (die inzwischen bis zu Friedl herangetreten ist). Da is ja gar kein' Silben wahr davon — das heißt — daß ich so an Auftrag 'geben hätt'. Denn weißt — krank war ich schon — ja — aber net so — daß da 's Bettliegen 'was helfen möcht' — weißt —

Friedl. Das muß a b'sondere Krankheit g'wesen sein.

Modei (eifrig). Ja — und da hat wohl — so reim' ich mir's halt z'samm' — der Lenzl, der gute Lapp, für sich selber 'denkt — es — es könnt' Dich vielleicht doch verintressieren — daß — daß halt — die Sach' net ganz richtig is mit mir.

Friedl (zieht seine Wadenstrümpfe in die Höhe). Ja, ja!

Modei (setzt sich auf den Brunnenrand). Oder verintressiert's Dich net?

Friedl. Das kann man net wissen.

Modei. Freilich net, wann man's net sagt — — Aber weil wir schon von Kranksein reden — wie geht's denn Dir — mit Dei'm Fuß?

Friedl. So — weißt Du da auch schon 'was davon! Wird Dir's schon der Richtig' erzählt haben!

Modei (erschreckt). Na, na! Einer von der Station drunten hat mir's erzählt — weißt, a Grenzer.

Friedl. So! No ja — gut geht mir's. Und damit Du's glaubst, will ich Dir gleich zeigen, wie ich marschieren kann. (Greift nach Gewehr und Bergstock.) B'hüt' Dich Gott! (Geht nach dem Hintergrunde.)

Modei (aufspringend). Jesses na — Friedl!

Friedl (sich umwendend). Was willst?

Modei. Was — was — Wie geht's denn mei'm Franzerl?

Friedl. Daß ihm bei meiner Mutter net schlecht geht, kannst Dir denken. Wann aber Sorg' hast, laß' ich Dir alle paar Tag' Botschaft sagen. Und jetzt — b'hüt' Dich Gott! (Wendet sich gegen den Hintergrund.)

Modei. Friedl!

Friedl. Willst noch 'was?

Modei. — — Magst kein' Schmarren?

Friedl. Na, ich dank' schön, ich hab' kein' Hunger.

Modei. Aber so setz' Dich nur g'rad a bißl nieder! Schau — das thut ei'm net gut, das lange Stehn.

Friedl. Da schlafen mir g'rad die Füß' net ein.

Modei (welche mühsam ihre Thränen unterdrückt). Aber na — mit Dir is heut' schon gar kein Reden. Sag', Friedl — hast denn Du mich um gar nix z'fragen?

Friedl. Net daß ich wüßt'!

Modei. Schau — ich mein' halt — wegen der G'schicht' von vor vierzehn Tag'.

Friedl. G'schichten, die vorbei sind, verintressieren mich blutwenig mehr. Drum b'hüt' Dich Gott! (Geht nach dem Hintergrunde.)

Modei (eilt ihm ein paar Schritte nach). Friedl!

Friedl. Ja bist jetzt Du noch net fertig?

Modei. Na!

Friedl. No also, was is?

Modei. Weißt, damals, an dem Samstag, wo so lang' bei mir warst, und wo wir so vernünftig g'redt haben mit anander — da — da hast mich Du halt um 'was g'fragt. Geh — Du mußt es aber doch noch wissen!

Friedl (sich abwendend). Na!

Modei (traurig). Ja magst mich nachher jetzt wirklich nimmer?

Friedl. Modei! (Er eilt auf sie zu; plötzlich hält er mit einem Schmerzensausruf inne und greift nach dem Fuße.) Jetzt hab' ich ganz auf mein' Fuß vergessen!

Modei (eilt auf ihn zu). Gelt, daß er noch net gut is! (Im gleichen Augenblicke fällt links in der Höhe ein dumpfer, nicht zu sehr hörbarer Schuß.)

Modei (fährt auf).

Friedl. Das war der Hies.

Modei (langsam). Ich weiß net — mir is der Hall durch und durch 'gangen.

Achter Auftritt.
Die Vorigen, Lenzl.

Lenzl (stürzt auf die Bühne). Habts es g'hört — habts es krachen hören — das war der Tanzboden — der Tanzboden war's — der Tanzboden — derschlagen hat's ihn — verſchlagen — (Er ſpringt über Puntls Hüttenweg hinauf und verſchwindet in der Höhe.)

Friedl. Ja was hat denn der Lenzl?

Modei (gedrückt). Ich kann mir's net denken. Denn daß — (Sie ſchüttelt den Kopf und wiſcht ſich mit der Hand über die Stirne.) — ah na! — — Jetzt ſind wir aber ganz von unſerer Unterhaltung ab'kommen.

Friedl. Das war halt a Stimm' Gottes, die uns g'ſagt hat, wie wenig Zweck die Unterhaltung hat. A Riß is amal a Riß — und a z'riſſens Herz das flickt man net ſo leicht wie a lederne Hoſen. Alſo — reden wir nix mehr davon. Dein Franzerl will ich Dir recht ſchön grüßen und will ganz g'wiß drauf ſchauen, daß ihm nix abgeht — — und jetzt — jetzt b'hüt' Dich Gott! (Wendet ſich ab.)

Modei (dumpf). B'hüt' Dich Gott! (Sie geht nach der Treppe, und laut weinend ſetzt ſie ſich auf die oberſte Stufe.)

Friedl (der bis an den Rand des Hintergrundes getreten iſt, kehrt ſich um). Ja was haſt denn — Modei — geh — Du weinſt ja! Das is ja doch — (Er eilt auf die Treppe zu, wobei er ein paarmal nach ſeinem Fuße greift, legt haſtig Gewehr und Bergſtock ab und ſetzt ſich an Modei's Seite.) — aber ſo ſei doch ſtad! Was haſt denn auf amal! Geh, Modei, geh, hör' auf!

Modei (unter Thränen). Wann — wann mir verſprichſt, daß — daß net gleich wieder fortrennſt — nachher hör' ich auf.

Friedl. Ja freilich — ja — ja!

Modei (wiſcht ſich mit der einen Hand die Augen aus, greift mit der andern in die Taſche und hält dem Jäger in der flachen Hand eine Patrone entgegen). Da ſchau her — kennſt das!

Friedl. No natürlich — das is halt a Patron. Wo hast denn die her?

Modei. Aus dem Blasi sei'm G'wehr.

Friedl. Was!

Modei. Ja — denn siehst — wie damals der Blasi 'kommen is und versteckt hat sein wollen — und mit G'walt in d'Hütten 'nein is — da is mir mit ei'm Schlag durch'n Kopf g'schossen, daß Du mir amal 'zeigt hast, wie man's mit so ei'm Hinterlader macht. Schau — und weil ich an gar nix anders 'denkt hab', als daß Du in der G'fahr bist, hab' ich nur g'rad g'schwind aus sei'm G'wehr die Patron' 'rausg'rissen und hab's in der ersten Angst da hint' 'nunter g'worfen. Am andern Tag aber hab' ich's wieder g'sucht — und da hast es jetzt in der Hand.

Friedl. Ja Modei — auf die Weis' hast mir ja Du mein Leben g'rett'!

Modei (verlegen). Ich schon, ich! Und Du hast von mir 'glaubt, daß — daß — — ich kann's gar net sagen! Geh, Friedl — bist doch so a verstandsamer Bua, der seine Augen im Kopf hat, und hast net g'sehen, daß — daß —

Friedl. Geh, Modei, red' — ich bitt' Dich recht schön, red'!

Modei. — daß sich Dein' Freundlichkeit und Dein Gutheit so tief in mein Herz g'schlichen hat — daß ich jetzt sterben müßt', wann — wann Du mich nimmer mögen thätst! (Sie birgt das Gesicht an seiner Brust.)

Friedl (schlingt die Arme um ihren Hals). Modei! Mein liebs — liebs Deanerl Du! (Sie sitzen in stiller Umarmung.)

Neunter Auftritt.

Die Vorigen. Hies.

Hies (steigt langsam von Punkls Hütte herab).

Lenzl (folgt ihm, den Hut in der Hand).

Modei (fährt auf). Da schau!

Friedl. Heiliger Gott, Hies — wie schaust Du aus — weiß wie a Wand!

Hies (langsam dem Hintergrunde zuschreitend). Ja, ja!

Friedl. Wohin denn?

Hies (im Absteigen). Heim! — Ich hab' am Landg'richt a G'schäft. (Ab.)

Friedl. Jesses — da is 'was g'schehen!

Modei (springt auf). Der Blasi!

Lenzl (nickt bejahend mit dem Kopfe).

Modei (sinkt zurück).

Friedl (fängt sie in seinen Armen auf und drückt sie an sich).

Modei (schlägt ein Kreuz und faltet die Hände, wobei sich ihre Lippen lautlos bewegen).

Friedl (nimmt den Hut ab; leise). Der Herr gib ihm die ewige Ruh'.

Lenzl. Amen! (Er setzt sich zu Füßen Modeis und legt seinen Kopf in ihren Schoß.)

(Das rote Licht der untergehenden Sonne fällt auf die Gruppe; Alpenglühen; leise setzt die Musik ein.)

Zehnter Auftritt.

Die Vorigen. Monika.

Monika (erscheint auf der Höhe, mit einer Kraxe am Rücken; in gebückter Haltung, sich Schritt für Schritt auf einen Bergstock stützend, steigt sie langsam über die Höhe herab, geht über die Bühne zurück und steigt im Hintergrunde ab, wobei der Jodler des folgenden Liedes, dessen Text möglichst verständlich sein muß, beim Tiefersteigen Monikas allmählich verklingt).

Wann ich ins Thal absteig',
So denk' ich wohl bei mir,
'Net lang mehr dauert's, nachher
Kommt mein Bua zu mir;
Ruft mir von weitem zu:
Jetzt is mein Häuserl 'baut,
Jetzt steig' mit mir ins Thal,
Mein' liebe Braut!
Denn über Tag' und Stund',
Soll unser Hochzeit sein,
Und als mein herzliebs Weiberl
Ziehst Du ein!

(Jodler.)
(Mit Beginn des Jodlers fällt langsam der Vorhang.)